刘　晖　郭丽宏　路　德 ——— 著

小学生"8个好习惯"

养成教育实践与探索

黄河出版传媒集团
阳光出版社

图书在版编目（CIP）数据

小学生"8个好习惯"养成教育实践与探索 / 刘晖,
郭丽宏, 路德著. -- 银川 : 阳光出版社, 2023.11
ISBN 978-7-5525-7115-8

Ⅰ.①小… Ⅱ.①刘…②郭…③路… Ⅲ.①小学生
－习惯性－培养－研究 Ⅳ.①G625.5

中国国家版本馆CIP数据核字(2023)第242017号

小学生"8个好习惯"养成教育实践与探索　　　　刘晖　郭丽宏　路德　著

责任编辑　郑晨阳　陈建琼
封面设计　晨　皓
责任印制　岳建宁

黄河出版传媒集团
阳 光 出 版 社　出版发行

出 版 人　薛文斌
地　　址　宁夏银川市北京东路139号出版大厦（750001）
网　　址　http://www.ygchbs.com
网上书店　http://shop129132959.taobao.com
电子信箱　yangguangchubanshe@163.com
邮购电话　0951-5047283
经　　销　全国新华书店
印刷装订　宁夏凤鸣彩印广告有限公司
印刷委托书号　（宁）0027823

开　本　710 mm×1000 mm　1/16
印　张　15.25
字　数　230千字
版　次　2023年11月第1版
印　次　2023年11月第1次印刷
书　号　ISBN 978-7-5525-7115-8
定　价　48.00元

自治区教育厅领导到校视察学生"8个好习惯"养成教育工作

召开学生"8个好习惯"养成教育工作启动会

课题组成员集中学习课题计划书

开展"8个好习惯"动员会

安全自护演练

小兰花志愿者

上学、放学排队进出校园

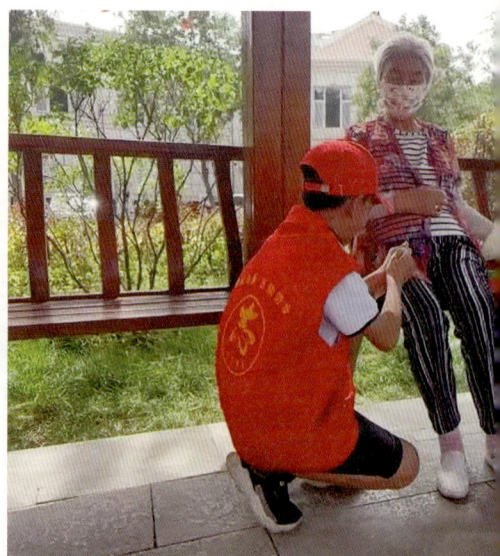

礼貌待人

课间文明游戏

打扫卫生

"素养币"

学校用"素养币"拍卖的方式促进学生养成"8个好习惯"

增强体质

自我管理——学生自我评价

遵守公德

前　言

　　我国著名教育家叶圣陶说：教育就是培养习惯。《中共中央关于加强和改进中、小学德育工作的通知》中也指出："德育对中、小学特别是小学生更多的是养成教育。" 中共中央《关于培育和践行社会主义核心价值观的意见》中指出：培育和践行社会主义核心价值观要从小抓起、从学校抓起。坚持育人为本、德育为先，围绕"立德树人"的根本任务，把社会主义核心价值观纳入国民教育总体规划，贯穿于基础教育等各领域，落实到教育教学和管理服务各环节，覆盖到所有学校和受教育者。在小学阶段培养教育孩子形成良好的习惯，促进每个受教育者人格与个性的养成，是落实"立德树人"，培育和践行社会主义核心价值观的根本体现。

　　自2013年以来，吴忠市利通区第十二小学几任校长在十二学段教育的基础上，都将礼貌待人、讲究卫生、学会学习、诚信做人、自我管理、遵守公德、增强体质、安全自护"8个好习惯"，96个教育点，作为学校德育工作的抓手，并通过学校有计划、有步骤的组织落实，评比考核奖励，促进了学生的良好习惯的形成。站在新时代的起点上，回头看学生"8个好习惯"养成教育走过的历程，取得的成效，也使我们倍感欣慰。为使学生"8个好习惯"养成教育不断推陈出新，传承光大，以适应新时代学校德育发展需求，为更多的学校、老师提供学校德育工作范本，我们整理了学校实施学生"8个好习惯"养成教育过程中的资料，编写了这本书，取名为《小学生"8个好习惯"养成教育的实践与探索》。

这本书共分为四章，第一章从小学生"8个好习惯"养成教育入手，展现了其实施方案、评价办法、评价标准、校本课程等。第二章分别从小学生礼仪、卫生、自我管理的规范化要求，班级常规管理的规范化要求，学校常规管理的规范化要求，小学生学习行为的规范化要求，小学生安全教育的规范化要求，班规范例六个方面呈现了小学生"8个好习惯"养成教育培养目标规范化要求。第三章为《小学生"8个好习惯"养成教育培养目标实施研究》课题。这一章主要呈现了课题研究计划、中期工作总结报告、结题报告、优秀主题班队会设计及点评、结题证书等。第四章为小学生"8个好习惯"养成教育优秀论文。选编了实施过程中，学校管理者、教师的一些具体做法。

《小学生"8个好习惯"养成教育的实践与探索》一书，字里行间倾注了吴忠市利通区第十二小学德育管理者与老师的心血与汗水，是今后一段时间德育工作的引领性教育读本。这本书的问世，一定会鞭策我们继续围绕德育回归教育主题，抓住健康生活习惯的养成这一突破口，在小学生养成教育"8个好习惯"的八个层面上，不断有新的突破，着眼于学生的个性、全面与终身发展，努力构建起吴忠市利通区第十二小学养成教育理论体系，引领教育工作者沿着现代教育理念、价值取向不断迈进。

2023 年 5 月

目　录
CONTENTS

第一章
小学生"8个好习惯"养成教育

第一节　小学生"8个好习惯"养成教育培养目标实施方案

为培育和弘扬社会主义核心价值观，实现学校提出的"基础扎实、习惯良好、全面发展"的办学目标，进一步改进和提高学校德育工作方法和实效，提高学生的综合素质，根据学校实际，特制定本实施方案。

一、指导思想

以习近平新时代中国特色社会主义思想和党的二十大精神为指导，结合新时期德育工作的要求和学校学生的实际，贯彻落实全员育人、全程育人的思想，拓宽德育渠道，创新德育方法，把培养学生良好的行为习惯和社会责任感以及创新精神和实践能力作为学校德育工作的核心内容，根据学生的年龄特点、认知能力，将小学生良好习惯养成教育培养目标提炼为8个方面、96个教育点，每学期分中期和末期两次评价，进行培养教育，开展德育活动，量化德育目标，形成全面育人的新局面，使新时期学校的德育工作走出一条更新、更宽的发展之路。

二、总体目标

以学生"8个好习惯"养成教育活动为载体，使学生在小学六年里养成良好的礼貌习惯、卫生习惯、学习习惯、诚信习惯、自我管理习惯、遵守公德习惯、体育锻炼习惯、安全自救习惯，普遍具有家庭责任心，社会责任感，具备一定的创新精神和道德实践能力，为学生以后的学习、工作、生活打下坚实的思想品德基础，成为家长放心、社会满意的新一代"好习惯优秀少年"。

三、具体目标

学生"8个好习惯"养成教育培养目标共8条96项具体内容。

（一）礼貌待人

1. 见人主动问好；

2. 适时使用文明用语；

3. 同学间友好相处；

4. 离家、离校向家长、老师打招呼；

5. 升国旗、唱国歌、行队礼；

6. 不打架斗殴；

7. 不乱翻、乱拿别人物品；

8. 上下楼梯、电梯礼让行人；

9. 进别人的房间先敲门；

10. 孝敬父母；

11. 认真倾听别人讲话；

12. 在公共场所自觉排队。

（二）讲究卫生

1. 早晚刷牙；

2. 饭前便后洗手；

3. 每晚洗脚、洗袜子；

4. 爱护校服、珍惜红领巾；

5. 常换衣服常洗澡；

6. 脚下、抽屉无垃圾；

7. 勤剪指甲常理发；

8. 主动捡拾垃圾；

9. 大便入坑，小便入池；

10. 卫生打扫干净及时；

11. 不随意席地而坐；

12. 衣着干净整洁。

（三）学会学习

1. 养成正确的读书写字姿势；

2. 回答问题积极；

3. 书写规范；

4. 积极主动学习；

5. 认真听讲、做笔记；

6. 按时独立完成作业；

7. 主动提前预习；

8. 大胆提问；

9. 仔细审题；

10. 热心帮助同学；

11. 勤于复习；

12. 热爱阅读，积极撰写阅读笔记。

（四）诚信做人

1. 不说谎，讲诚信；

2. 按时归还所借的东西；

3. 答应别人的事要努力做到；

4. 主动为他人做好事；

5. 拾金不昧；

6. 不哄骗别人；

7. 常怀感恩之心；

8. 不参加宗教活动及封建迷信活动；

9. 经常帮助有困难的人；

10. 不偷窃财物；

11. 不欺凌弱小；

12. 不敲诈勒索。

（五）自我管理

1. 学会自己整理书包；

2. 物品用完放回原处；

3. 整理布置自己的房间；

4. 自己准备学习用具；

5. 按时睡觉、起床、穿衣、洗漱；

6. 不随意说话；

7. 主动为班级做好事；

8. 课间不追逐打闹；

9. 帮家长料理家务；

10. 做事持之以恒；

11. 会花钱，讲节约；

12. 为互助团队争光。

（六）遵守公德

1. 不随手丢弃垃圾；

2. 有序上卫生间；

3. 不随地吐痰、大小便；

4. 不损坏花草、树木；

5. 有序上车、主动让座；

6. 走素养步道，爱护"素养币"；

7. 爱护公物；

8. 上操、集会等做到快、静、齐；

9. 尊敬师长；

10. 不在公共场所大声喧哗；

11. 尊重各民族的风俗习惯；

12. 不破坏公交车内的设施设备。

（七）增强体质

1. 不带、不吃零食；

2. 少喝饮料；

3. 不吃"三无"或过期食品；

4. 积极防治疾病；

5. 不挑食、不过饱；

6. 认真上好体育课、课间操和眼保健操等；

7. 每天锻炼身体；

8. 积极参加体育、艺术等活动；

9. 学会两项运动技能；

10. 积极主动参加劳动；

11. 积极参加体育比赛；

12. 不抽烟、不喝酒、远离毒品。

（八）安全自护

1. 按时上学、回家；

2. 不和陌生人接触；

3. 上下楼梯不推搡；

4. 不做危险活动；

5. 上学、放学有秩序；

6. 不横穿马路、不闯红灯；

7. 学会正确逃生；

8. 学会游泳、滑冰；

9. 学会使用电器；

10. 健康上网，远离网吧；

11. 不驾驶与自己年龄不相符的车辆上学；

12. 不携带和使用火种或管制刀具等物品。

学生 "8 个好习惯" 养成教育培养目标框架图

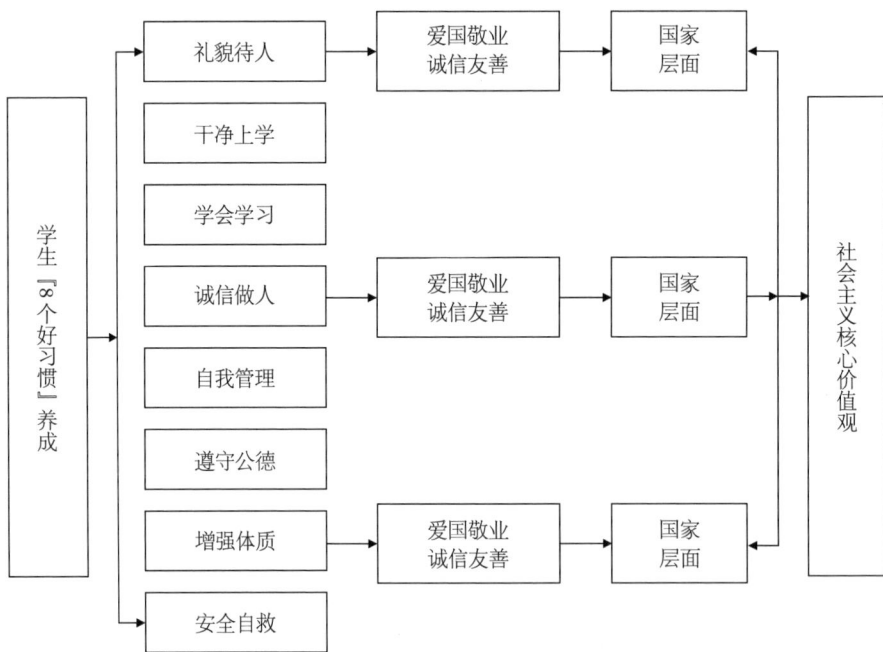

四、实施过程

按照小学生 "8 个好习惯" 养成教育培养目标内容实施分值加等级的

形成性评价。将"8 个好习惯"96 个教育点分解到各年级落实,每年级落实 16 个教育点,分学期进行。每学期重点落实 8 个教育点,这 8 个教育点总分为 100 分,分中期和末期实施两次多元评价,并分别计算出中期、末期、学期及学年成绩。六个学年平均成绩为小学阶段成绩,综合评定学生小学阶段"8 个好习惯"养成教育目标达成情况。对每学期评价的"好习惯互助团队"优秀学生班级进行奖励,对每学年评价的"好习惯优秀少年"学校进行奖励并颁发优秀证书,对小学阶段综合评价的优秀学生,学校颁发优秀毕业生证书。

实施过程分三个阶段进行。

（一）学习安排阶段（每学期开学第一周）

1. 学习《学生"8 个好习惯"养成教育培养目标实施方案》《学生"8 个好习惯"养成教育培养目标形成性评价实施办法》、政教处制定的《学生"8 个好习惯"养成教育培养目标工作计划》等,启动学生"8 个好习惯"养成教育活动。

2. 各班主任对照政教处制定的《学生"8 个好习惯"养成教育目标工作计划》,制定班务工作计划,确定本学期的教育重点,安排活动。

3. 及时和家长沟通,采用发放"告家长一封信"、家长会、家访等形式,使家长了解学生"8 个好习惯"养成教育培养目标内容及实施要求,实现家校联动,共同教育,并取得最佳的教育效果。

（二）实施教育阶段（每学年 3—6 月份、9—12 月份）

1. 政教处每学期初对本学期的好习惯养成教育目标进行安排部署,提出具体要求和活动内容。

2. 每个班根据学校的安排,开展教育活动。做到初期学习讨论,安排布置;中期组织落实;中期、末期进行两次多元化考核评价。

3. 各班利用班队会、晨会等时间,针对每学期的培养目标和班级的实际情况,组织学习《学生"8 个好习惯"养成教育德育校本课程》和《学生"8个好习惯"养成教育培养目标规范化要求》。讨论交流存在的问题，指导和引导学生按正确的要求去做，做到学文、明理、导行。

4. 每个班每学年根据本年级16个教育点，选择内容，设计出四期板报，主要以学生主办小报、绘画为主。

5. 任课教师要积极配合班主任落实每学期的好习惯养成教育培养目标，要在课内或课外落实学生"8个好习惯"养成教育工作，增强教育的合力。

6. 强化对学生行为习惯的纠正，实施好习惯互助团队评价体系建设，落实光荣榜、训诫台和流动红旗制度，实施以"素养币"积分为主的评价方式，提升学生综合素养。

7. 学校政教处每学期对各班落实好习惯养成教育目标情况进行检查评比，总结推广好的经验，为评价班主任工作提供依据。

（三）总结评比、巩固提高阶段（每学年1月、7月初）

1. 每学期结束前，学校对学生"8个好习惯"养成教育培养目标落实情况进行一次总结研讨，交流成功经验，促进教师不断提高。

2. 每学年学校召开一次总结表彰大会，总结推广成功的经验，评选"好习惯优秀班集体""好习惯优秀少年"。

3. 每学期末进行本学期相关档案的整理工作，汇总装档。

五、保障措施

（一）组织机构

1. 领导小组

组长：校长

成员：校委会成员

2. 指导小组

组长：主管德育工作的副校长

副组长：政教主任

成员：政教副主任、少先大队辅导员及各年级组长

（二）统一思想，提高认识

通过学校行政会、班主任会、教师大会、家长会和班干部会等形式，组织学习宣传学生"8个好习惯"养成教育活动的目的意义，统一思想，提高教师、家长对学生"8个好习惯"养成教育工作重要性的认识，提高师生、家长参与活动的积极性。

（三）明确职责，强化管理

学生"8个好习惯"养成教育工作由校长负责，党支部、政教处、少先队具体负责，教务处、总务处积极配合，班主任、科任教师贯彻落实。学校领导、教师要各负其责，精心组织，周密布置，狠抓落实，将学生"8个好习惯"养成教育活动贯穿教育教学的始终。

（四）创新方法，加强落实

为使学生"8个好习惯"养成教育活动顺利开展，学校提出"低起点、重导行、强训练、常评价、家校合"的15字方针，引领教师认真做好学生良好习惯养成教育培养工作。

"低起点"　以"认知"为基础，以道德与法治课教学为主渠道，强化认知；以班队活动、少队活动、道德实践活动等为载体，强化导行；以小喇叭广播、校园橱窗、班级板报等为主阵地，强化环境熏陶。使学生通过学习认知、活动导行、环境熏陶实现知行统一。

"重导行"　针对小学生的年龄特点、认知水平，对学生"8个好习惯"养成教育培养目标内容分别进行子项设置，每个好习惯养成教育目标设置12个方面，共96个教育点。并以年级开发编辑了小学生"8个好习惯"养成教育德育校本课程系列教育丛书6册，96课。对学生"8个好习惯"养成教育目标进行导行，使之变成具体的、可操作的养成教育培养内容。

"强训练"　良好的习惯只有通过不断反复的科学训练和耐心的教育，

才能逐步形成。为此，学校以德育活动为载体，立足平时，强化学生良好习惯的养成。政教处、少先队、班主任按照学校安排，积极组织学生开展每学期"8个好习惯"养成教育为主的教育活动，如学雷锋教育活动、缅怀革命先烈教育活动、防震防火讲座及演练、法治教育讲座、安全教育讲座等，力促学生良好习惯的养成。

"常评价" 以班队会课为主要载体，通过多元评价方式，认真开展自查自纠活动，对学生每学期的行为表现给以一定的甄别、褒贬，并将每个学生的表现记入"学生好习惯互助团队"评价表中，每学期评选出优秀"好习惯互助团队"等进行奖励，并做为学年评选"好习惯优秀少年"的依据。通过评价让学生自己教育自己，让自觉自律成为习惯。

"家校合" 小学生"8个好习惯"养成教育工作单凭教师做是不够的，需要家长的配合。为此，学校重视指导家长做好教育工作，通过启动会、家长会、大家访等活动，宣传小学生"8个好习惯"养成教育目标，促进教师、家长齐抓共管，合力攻坚，用教师、家长的良好素质，身体力行，影响带动学生。

（五）评比考核，保障落实

1. 加强对各班落实学生"8个好习惯"养成教育目标内容的考核，建立健全评价档案，表彰每学期班级评选出来的"好习惯互助团队"优秀少年。

2. 学校每学期组织一次落实学生"8个好习惯"养成教育培养目标班务工作和家庭教育工作经验交流会，奖励优秀班级、教师和学生。

3. 按照《学生"8个良好习惯"养成教育目标形成性评价实施办法》，加强对学生良好习惯的检验，以学生"8个好习惯"的改善，衡量学生思想道德发展情况，评估道德效果。

总之，学生良好习惯养成教育是一项长期而艰巨的系统工程，要坚持"有效方法+持之以恒=好习惯"的培养策略，学生一定会享受到良好习惯带来的永久福利，使他们受益终身。

第二节　小学生"8个好习惯"养成教育培养目标
形成性评价实施办法

为认真贯彻中共中央《关于培育和践行社会主义核心价值观的意见》，落实《中小学生守则》《小学生日常行为规范》，进一步提高学生思想道德素质，培养学生良好的行为习惯，依据《学生"8个好习惯"养成教育培养目标实施方案》的要求，特制定《学生"8个好习惯"养成教育培养目标形成性评价实施办法》。

一、评价的指导思想

以习近平新时代中国特色社会主义思想和党的二十大精神为指导，坚持"育人为本，德育为首"，促进学生全面发展、持续发展、和谐发展。依据《中共中央　国务院关于进一步加强和改进未成年人思想道德建设的若干意见》《中小学生守则》《小学生日常行为规范》和本校学生的实际，对学生的礼貌待人、干净上学、学会学习、诚信做人、自我管理、遵守公德、增强体质、安全自救"8个好习惯"进行评价。评价每学期分中期和末期两次进行，一学年一个轮回。评价采用多元化评价形式，以过程性评价、激励性评价、形成性评价为主，促进学生逐步形成良好的习惯，为学生全面发展、持续发展和终身发展奠定基础。

二、评价目的

学生"8个好习惯"养成教育培养目标形成性评价注重对学生良好习惯的检验，以学生礼貌、卫生、学习、诚信、自我管理、遵守公德、体育锻炼、安全自救"8个习惯"的改善，作为衡量学生思想道德发展、评估德育效果的根本标准，形成从习惯认知到习惯培养全过程的多元评价，促进学生良好习惯的养成。

三、评价的原则

1. 多元性原则。评价实施多元化评价方式，既有自我评价，又有教师评价、伙伴评价、家长评价等，以学生自评、互评为主。

2. 阶段性原则。评价分年级进行，每个年级一学年落实 16 个教育点，六学年评价落实完所有 96 个教育点。

3. 激励性原则。每学期对评选出的"好习惯互助团队"优秀学生进行班级或学校奖励；对每学年评选出的"好习惯优秀少年"学校进行奖励并颁发优秀证书；对小学阶段综合评价的优秀学生，学校颁发优秀毕业生证书。

四、评价的办法

1. 按照小学生"8个好习惯"养成教育培养目标内容实施分值加等级的形成性评价。

2. 每学期学生"8个好习惯"确定的 8 个教育点总分为 100 分，由自己、小伙伴、老师、家长都来参与评价打分。

3. 班主任根据打分情况确定等级，即优秀（90~100）、良好（80~89）、合格（60~79）、待合格（59 以下）。

4. 每学期分期中和期末两次评价，分别计算出得分，确定期中和期末等级。两次评价结束后，计算出学生本学期平均成绩，确定本学期等级，两个学期成绩平均为学年成绩，评定学生学年"8个好习惯"养成教育目标达成情况。六个学年平均成绩为小学阶段成绩，综合评定学生小学阶段"8个好习惯"养成教育目标达成情况。

5. 每学期评价的"好习惯互助团队"优秀学生班级进行奖励，对每学

年评价的 "好习惯优秀少年" 学校进行奖励并颁发优秀证书，对小学阶段综合评价的优秀学生，学校颁发优秀毕业生证书。

学生 "8 个好习惯" 养成教育目标实施操作流程

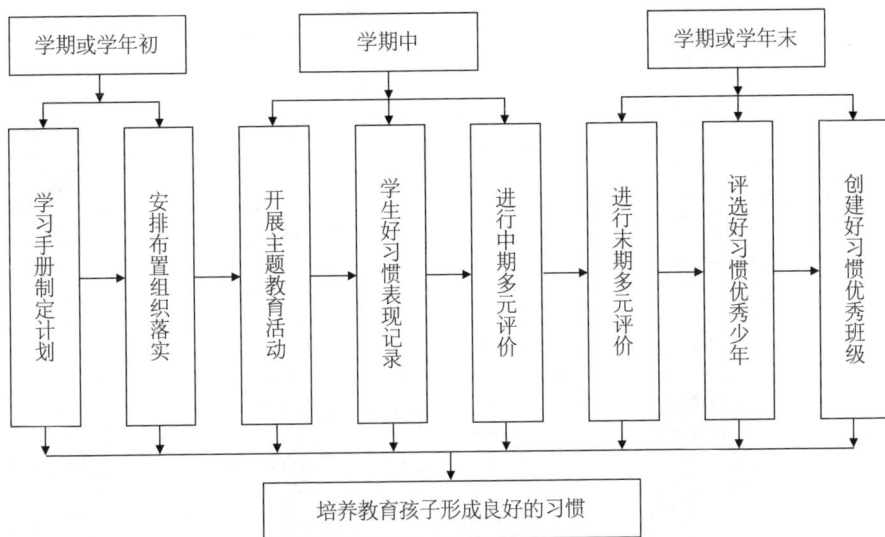

附件：

1. 学生 "好习惯" 互助团队课内外表现情况评价标准

2. 学生 "好习惯" 互助团队课内外表现情况评价表

3. 1~6 年级（第一、二学期）学生 "8 个好习惯" 养成教育培养目标（中期、末期）评价表；小学生 "8 个好习惯" 养成教育培养目标形成性评价综合统计表

学生"好习惯"互助团队课内外表现情况评价标准

1. 尊敬师长，对人有礼貌	+5	1. 以大欺小，敲诈勒索	−5
2. 讲究卫生，衣表仪容整洁得体	+5	2. 偷窃财务	−5
3. 卫生打扫干净及时	+5	3. 打架骂人说脏话	−5
4. 主动在校园捡拾垃圾	+5	4. 吸烟、喝酒、亲近毒品	−10
5. 回答问题受到表扬	+5	5. 被学校点名批评	−10
6. 拾金不昧，诚实守信	+5	6. 乘车打闹、喧哗、吃东西、扔垃圾	−5
7. 团结同学，助人为乐	+5	7. 不按时上学回家，路上逗留	−5
8. 荣获一张教师颁发的习惯币	+5	8. 带零食，乱扔垃圾	−5
9. 荣获一张"8个好习惯"荣誉卡	+10	9. 携带危险物品上学	−5
10. 文明乘车，主动让座	+5	10. 上下楼梯推搡，不礼让	−5
11. 遵守交通规则	+5	11. 脚下或抽屉有垃圾	−5
12. 认真排路队上学回家	+10	12. 课间、课外不安全玩耍	−5
13. 受到学校表扬的	+5	13. 进出校门、上下卫生间不排队	−5
14. 班干部工作负责	+5	14. 破坏公共设施	−5
15. 积极参加学校各项活动	+5	15. 不戴红领巾、不穿校服	−5
16. 家庭作业及时质量高	+10	16. 在小区不遵守公共秩序	−5
17. 爱惜粮食，节约水电	+5	17. 随意践踏、损坏花草树木	−5
18. 喜爱阅读，健康上网	+5	18. 到危险的地方玩耍	−10
19. 自己的事情自己做	+5	19. 不在接送点上车下车	−5
20. 积极思考，乐于探究	+5	20. 上课说话、玩耍、下座位等	−5
21. 为父母分担家务	+5	21. 闯红灯，横穿马路，追逐打闹	−5
22. 向老师反映不良表现人和事	+5	22. 骑自行车，电动车等上学	−5

学生"好习惯"互助团队课内外表现情况评价表

班级：＿＿＿＿＿＿＿＿＿＿　　周次：＿＿＿＿＿＿＿＿＿＿　　考核组：＿＿＿＿＿＿＿＿

序号	团队名称	团队成员	团队成员一周内课堂内外表现记录	个人得分	团队得分

小学生"8个好习惯"养成教育各年级训练重点

年级	学期	礼貌待人	讲究卫生	学会学习	诚信做人	自我管理	遵守公德	增强体质	安全自护
一年级	第一学期	见人主动问好	早晚刷牙	养成正确的读书写字姿势	不说谎，讲诚信	学会自己整理书包	不随手丢弃垃圾	不吃零食	按时上学、回家
	第二学期	适时使用文明礼貌用语	饭前便后洗手	回答问题积极	按时归还所借的东西	物品用完放回原处	有序上下卫生间	少喝饮料	不和陌生人接触
二年级	第一学期	同学间友好相处	每晚洗脚、洗袜子	书写规范	答应别人的事要努力做到	整理布置自己的房间	不随地吐痰、大小便	不吃"三无"或过期食品	上下楼梯不推搡
	第二学期	离家离校向家长老师打招呼	爱护校服、珍惜红领巾	积极主动学习	主动为他人做好事	自己准备学习用具	不损坏花草、树木	积极防治疾病	不做危险活动
三年级	第一学期	升国旗、唱国歌、行队礼	常换衣服常洗澡	认真听讲、做笔记	拾金不昧	按时睡眠、起床、穿衣、洗漱	有序上车、主动让座	不挑食、不过饱	上学、放学有秩序
	第二学期	不打架斗殴	脚下、抽屉无垃圾	按时独立完成作业	不哄骗别人	不随意说话	走素养步道，爱护素养币	认真上好体育课、课间操和眼保操等	不横穿马路、不闯红灯

续表

年级	学期	礼貌待人	讲究卫生	学会学习	诚信做人	自我管理	遵守公德	增强体质	安全自护
四年级	第一学期	不乱翻拿别人物品	勤剪指甲常理发	主动提前预习	常怀感恩之心	主动为班级做好事	爱护公物	每天锻炼身体	学会正确逃生
	第二学期	上下楼梯、电梯礼让行人	主动捡拾垃圾	大胆提问	不参加宗教及封建迷信活动	课间不追逐打闹	上操、集会等做到快、静、齐	积极参加体育、艺术等活动	学会游泳、滑冰等技能
五年级	第一学期	进别人的房间先敲门	大便入坑，小便入池	仔细审题	经常帮助有困难的人	帮家长料理家务	尊敬关爱师长	学会两项运动技能	学会使用电器
	第二学期	孝敬父母	卫生打扫干净及时	热心帮助同学学习	不偷窃财物	做事持之以恒	不在公共场所大声喧哗	积极主动参加劳动	健康上网，远离网吧
六年级	第一学期	认真倾听别人讲话或说话	不随意席地而坐	勤于复习	不欺凌弱小	会花钱，讲节约	尊重各民族的风俗习惯	积极参加体育比赛	文明骑行
	第二学期	在公共场所自觉排队	衣着干净整洁	热爱阅读，积极撰写读书笔记	不敲诈勒索	为互助团队争光	不破坏公交车内的设施设备	不抽烟、不喝酒，远离毒品	不携带危险品

一年级（第一学期）学生"8个好习惯"养成教育培养目标（中期末期）评价表

评价内容		权值	自己评	伙伴评	家长评	教师评	平均分
习惯一：礼貌待人	1. 见人主动问好	10分					
习惯二：讲究卫生	2. 早晚刷牙	10分					
习惯三：学会学习	3. 养成正确读书写字姿势	15分					
习惯四：诚信做人	4. 不说谎，讲诚信	15分					
习惯五：自我管理	5. 学会自己整理书包	10分					
习惯六：遵守公德	6. 不随手丢弃垃圾	10分					
习惯七：增强体质	7. 不带吃零食	15分					
习惯八：安全自护	8. 按时上学、回家	15分					
综合评定	多元评价成绩	100分					
	综合等级评定		优秀□ 良好□ 合格□ 待合格□				

一年级（第一学期）学生"8个好习惯"养成教育培养目标形成性评价综合统计表

项目	中期评价成绩	末期评价成绩	平均成绩	评价等级	备注
成绩					

一年级（第二学期）学生"8个好习惯"养成教育培养目标（中期末期）评价表

评价内容		权值	自己评	伙伴评	家长评	教师评	平均分
习惯一：礼貌待人	1. 适时使用文明礼貌用语	10分					
习惯二：讲究卫生	2. 饭前便后洗手	10分					
习惯三：学会学习	3. 回答问题积极	15分					
习惯四：诚信做人	4. 按时归还所借的东西	15分					
习惯五：自我管理	5. 物品用完放回原处	10分					
习惯六：遵守公德	6. 有序上下卫生间	10分					
习惯七：增强体质	7. 少喝饮料	15分					
习惯八：安全自护	8. 不和陌生人接触	15分					
综合评定	多元评价成绩	100分					
	综合等级评定		优秀□ 良好□ 合格□ 待合格□				

一年级（第二学期）学生"8个好习惯"养成教育培养目标形成性评价综合统计表

项目	中期评价成绩	末期评价成绩	平均成绩	评价等级	备注
成绩					

二年级（第一学期）学生"8个好习惯"养成教育培养目标（中期末期）评价表

评价内容		权值	自己评	伙伴评	家长评	教师评	平均分
习惯一：礼貌待人	1. 同学间友好相处	10分					
习惯二：讲究卫生	2. 每晚洗脚、洗袜子	10分					
习惯三：学会学习	3. 书写规范	15分					
习惯四：诚信做人	4. 答应别人的事要努力做到	15分					
习惯五：自我管理	5. 整理布置自己的房间	10分					

续表

评价内容		权值	自己评	伙伴评	家长评	教师评	平均分
习惯六：遵守公德	6. 不随地吐痰、大小便	10分					
习惯七：增强体质	7. 不吃"三无"或过期食品	15分					
习惯八：安全自护	8. 上下楼梯不推搡	15分					
综合评定	多元评价成绩	100分					
	综合等级评定		优秀□ 良好□ 合格□ 待合格□				

二年级（第一学期）学生"8个好习惯"养成教育培养目标形成性评价综合统计表

项目	中期评价成绩	末期评价成绩	平均成绩	评价等级	备注
成绩					

二年级（第二学期）学生"8个好习惯"养成教育培养目标（中期末期）评价表

评价内容		权值	自己评	伙伴评	家长评	教师评	平均分
习惯一：礼貌待人	1. 离家离校向家长老师打招呼	10分					
习惯二：讲究卫生	2. 爱护校服、珍惜红领巾	10分					
习惯三：学会学习	3. 积极主动学习	15分					
习惯四：诚信做人	4. 主动为他人做好事	15分					
习惯五：自我管理	5. 自己准备学习用具	10分					
习惯六：遵守公德	6. 不损坏花草、树木	10分					
习惯七：增强体质	7. 积极防治疾病	15分					
习惯八：安全自护	8. 不做危险活动	15分					
综合评定	多元评价成绩	100分					
	综合等级评定		优秀□ 良好□ 合格□ 待合格□				

二年级（第二学期）学生"8个好习惯"养成教育培养目标形成性评价综合统计表

项目	中期评价成绩	末期评价成绩	平均成绩	评价等级	备注
成绩					

三年级（第一学期）学生"8个好习惯"养成教育培养目标（中期末期）评价表

评价内容		权值	自己评	伙伴评	家长评	教师评	平均分
习惯一：礼貌待人	1.升国旗、唱国歌、行队礼	10分					
习惯二：讲究卫生	2. 常换衣服常洗澡	10分					
习惯三：学会学习	3. 认真听讲、做笔记	15分					
习惯四：诚信做人	4. 拾金不昧	15分					
习惯五：自我管理	5. 按时睡眠、起床、穿衣、洗漱	10分					
习惯六：遵守公德	6. 有序上车、主动让座	10分					
习惯七：增强体质	7. 不挑食、不过饱	15分					
习惯八：安全自护	8. 上学、放学有秩序	15分					
综合评定	多元评价成绩	100分					
	综合等级评定		优秀□ 良好□ 合格□ 待合格□				

三年级（第一学期）学生"8个好习惯"养成教育培养目标形成性评价综合统计表

项目	中期评价成绩	末期评价成绩	平均成绩	评价等级	备注
成绩					

三年级（第二学期）学生"8个好习惯"养成教育培养目标（中期末期）评价表

评价内容		权值	自己评	伙伴评	家长评	教师评	平均分
习惯一：礼貌待人	1. 不打架斗殴	10分					
习惯二：讲究卫生	2. 脚下、抽屉无垃圾	10分					
习惯三：学会学习	3. 按时独立完成作业	15分					
习惯四：诚信做人	4. 不哄骗别人	15分					
习惯五：自我管理	5. 不随意说话	10分					
习惯六：遵守公德	6. 走素养步道，爱护"素养币"	10分					
习惯七：增强体质	7. 认真上体育课、课间操，认真做眼保健操等	15分					
习惯八：安全自护	8. 不横穿马路、不闯红灯	15分					
综合评定	多元评价成绩	100分					
	综合等级评定		优秀□ 良好□ 合格□ 待合格□				

三年级（第二学期）学生"8个好习惯"养成教育培养目标形成性评价综合统计表

项目	中期评价成绩	末期评价成绩	平均成绩	评价等级	备注
成绩					

四年级（第一学期）学生"8个好习惯"养成教育培养目标（中期末期）评价表

评价内容		权值	自己评	伙伴评	家长评	教师评	平均分
习惯一：礼貌待人	1. 不乱翻拿别人物品	10分					
习惯二：讲究卫生	2. 勤剪指甲常理发	10分					
习惯三：学会学习	3. 主动提前预习	15分					
习惯四：诚信做人	4. 常怀感恩之心	15分					
习惯五：自我管理	5. 主动为班级做好事	10分					
习惯六：遵守公德	6. 爱护公物	10分					
习惯七：增强体质	7. 每天锻炼身体	15分					
习惯八：安全自护	8. 学会正确逃生	15分					
综合评定	多元评价成绩	100分					
	综合等级评定		优秀□ 良好□ 合格□ 待合格□				

四年级（第二学期）学生"8个好习惯"养成教育培养目标形成性评价综合统计表

项目	中期评价成绩	末期评价成绩	平均成绩	评价等级	备注
成绩					

五年级（第一学期）学生"8个好习惯"养成教育培养目标（中期末期）评价表

评价内容		权值	自己评	伙伴评	家长评	教师评	平均分
习惯一：礼貌待人	1. 进别人的房间先敲门	10分					
习惯二：讲究卫生	2. 大便入坑，小便入池	10分					
习惯三：学会学习	3. 仔细审题	15分					
习惯四：诚信做人	4. 经常帮助有困难的人	15分					
习惯五：自我管理	5. 帮家长料理家务	10分					

续表

评价内容		权值	自己评	伙伴评	家长评	教师评	平均分
习惯六：遵守公德	6. 尊敬师长	10分					
习惯七：增强体质	7. 学会两项运动技能	15分					
习惯八：安全自护	8. 学会使用电器	15分					
综合评定	多元评价成绩	100分					
	综合等级评定		优秀□ 良好□ 合格□ 待合格□				

五年级（第一学期）学生"8个好习惯"养成教育培养目标形成性评价综合统计表

项目	中期评价成绩	末期评价成绩	平均成绩	评价等级	备注
成绩					

五年级（第二学期）学生"8个好习惯"养成教育培养目标（中期末期）评价表

评价内容		权值	自己评	伙伴评	家长评	教师评	平均分
习惯一：礼貌待人	1. 孝敬父母	10分					
习惯二：讲究卫生	2. 卫生打扫干净及时	10分					
习惯三：学会学习	3. 热心帮助同学学习	15分					
习惯四：诚信做人	4. 不偷窃财物	15分					
习惯五：自我管理	5. 做事持之以恒	10分					
习惯六：遵守公德	6. 不在公共场所大声喧哗	10分					
习惯七：增强体质	7. 积极主动参加劳动	15分					
习惯八：安全自护	8. 健康上网，远离网吧	15分					
综合评定	多元评价成绩	100分					
	综合等级评定		优秀□ 良好□ 合格□ 待合格□				

五年级（第二学期）学生"8个好习惯"养成教育培养目标形成性评价综合统计表

项目	中期评价成绩	末期评价成绩	平均成绩	评价等级	备注
成绩					

六年级（第一学期）学生"8个好习惯"养成教育培养目标（中期末期）评价表

评价内容		权值	自己评	伙伴评	家长评	教师评	平均分
习惯一：礼貌待人	1. 认真倾听别人讲话或说话	10分					
习惯二：讲究卫生	2. 不随意席地而坐	10分					
习惯三：学会学习	3. 勤于复习	15分					
习惯四：诚信做人	4. 不欺凌弱小	15分					
习惯五：自我管理	5. 会花钱，讲节约	10分					
习惯六：遵守公德	6. 尊重各民族的风俗习惯	10分					
习惯七：增强体质	7. 积极参加体育比赛	15分					
习惯八：安全自护	8. 文明骑行	15分					
综合评定	多元评价成绩	100分					
	综合等级评定		优秀□ 良好□ 合格□ 待合格□				

六年级（第一学期）学生"8个好习惯"养成教育培养目标形成性评价综合统计表

项目	中期评价成绩	末期评价成绩	平均成绩	评价等级	备注
成绩					

六年级（第二学期）学生"8个好习惯"养成教育培养目标（中期末期）评价表

评价内容		权值	自己评	伙伴评	家长评	教师评	平均分
习惯一：礼貌待人	1. 在公共场所自觉排队	10分					
习惯二：讲究卫生	2. 衣着干净整洁	10分					
习惯三：学会学习	3. 热爱阅读，积极撰写读书笔记	15分					
习惯四：诚信做人	4. 不敲诈勒索	15分					
习惯五：自我管理	5. 为互助团队争光	10分					
习惯六：遵守公德	6. 不破坏公交车内的设施设备	10分					
习惯七：增强体质	7. 不抽烟、不喝酒、远离毒品	15分					

续表

评价内容		权值	自己评	伙伴评	家长评	教师评	平均分
习惯八：安全自护	8. 不携带危险品	15分					
综合评定	多元评价成绩	100分					
	综合等级评定		优秀□ 良好□ 合格□ 待合格□				

六年级（第二学期）学生"8个好习惯"养成教育培养目标形成性评价综合统计表

项目	中期评价成绩	末期评价成绩	平均成绩	评价等级	备注
成绩					

_____年级第_____学期"8个好习惯"养成教育综合评价报告（一）

本学期的我								

本学期的我

身体状况	身高		胸围		视力		左	
	体重		肺活量				右	
	心率		健康状况					

考勤	本学期上课	天	迟到	早退	旷课	病事假	未交作业
	我实际上课 天		次	次	节	天	次

获得的荣誉和奖励	

学科成绩评价等级	语文	数学	品德	科学	英语	信息技术	音乐	体育与健康	美术	"8个好习惯"养成教育评价等级
										优秀□　良好□　合格□　待合格□

我最难忘的一件事	

_____年级第_____学期"8个好习惯"养成教育综合评价报告（二）

我的表现	
同学眼中的我	
家长寄语	
班主任寄语	
附言	学校定于　　年　月　　日开始放假，　　月　　日返校注册

寒暑假学生"8个好习惯"养成教育社会实践活动安排

寒假社会实践活动内容	暑假社会实践活动内容
1. 为长辈、孤寡老人或自己居住的小区做一件好事，并把这件事记下来。	1. 学会1~2项生活小技能，如洗衣、做饭、养花、游泳等，并选一项写出过程和感悟。
2. 为父母干力所能及的家务，每天整理自己的房间、衣物。	2. 进行一项社会调查活动，如错别字使用、破坏公共设施、不文明行为等，写一写自己的感想。
3. 阅读1~3本有关科普、人文、修身等健康有益的课外书籍，能给家人讲一讲书中的有关知识，或写一写读后感。	3. 参加1~2项艺术、科技、体育等活动，培养兴趣、锻炼能力、增强体质。
4. 观看优秀影视片，并把故事情节讲给家人或别人听，或写一写观后感。	4. 动手制作一件自己喜欢的小制作、小发明。
5. 收集有关春节、元宵的习俗，如春联、除夕、过年、社火、花灯等，办一份小报、画一幅画或写一篇作文等。	5. 在父母的带领下参加一次郊游活动，并把所见所闻记录下来。

第三节　创新学生"8个好习惯"养成教育评价管理工作实施方案

为进一步加强学生社会主义核心价值观教育，落实立德树人的根本任务，提升新时期小学生核心素养，培养适应终身发展和社会发展需要的高品格学生，学校以《吴忠市教育局关于提升基础教育质量和效益的意见》中提出的"十抓十提升"教育质量目标体系为挈领，继续深入打造小学生"8个好习惯"养成教育工作，积极进行传承、改革和创新，提升和拓展学生"8个好习惯"内涵和外延，解决好学生行为习惯反复性的问题，推进校风校纪深度治理工作顺利开展，实现教育、评价、激励一体化，促进学生良好行为习惯养成。特制定利通区第十二小学创新学生"8个好习惯"养成教育评价管理工作实施办法。

一、指导思想

以党的二十大精神为指导，全面贯彻落实《国家中长期教育改革和发展纲要》。以培养学生核心素养，实施素质教育为目标，以精细化管理为重点，以教育管理创新为突破口，加强学生管理，夯实管理基础，实现"基础扎实，习惯良好，发展全面"培养目标，努力办好人民满意的教育。

二、组织机构

1. 领导小组

组长：校长

成员：校委会成员

2. 指导小组

组长：主管德育工作的副校长

副组长：政教主任

成员：政教副主任、少先大队辅导员及各年级组长

三、评价目标

以培养学生核心素养为目标，积极构建学生"8个好习惯"养成教育管理与评价新模式，实施学生、家长"好习惯互助"团队评价体系和"好习惯优秀中队"评价体系建设，为学生"8个好习惯"养成教育管理与评价注入新的活力，促进学生在学习上互帮互助，在行为习惯上互相提醒，在意志品质上相互借鉴，在学习成绩上互相促进。培养学生学会合作，学会分享，学会欣赏，学会包容，充分激发和调动学生积极性，努力促进学生综合素养的提高。

四、评价体系

1. 建立学生"好习惯" 互助团队评价体系；

2. 建立家长"好习惯"互助团队评价体系；

3. 建立"好习惯优秀中队"评价体系。

五、评价形式

实施以积分和"素养币"为评价载体的评价体系。建立以政教处、少先队为主的一级评价管理机构，负责学生评价管理全面指导和实施。建立以班主任、任课教师、学校工勤人员、校外辅导员等为具体评价的二级评价实施主体，激励学生良好的行为习惯的养成和学业水平的不断提高。

六、评价主体

全体教师、学校工勤人员、校外辅导员。

七、评价对象

全体学生。

八、评价内容

根据《中小学生守则》《小学生一日常规》、学生"8个好习惯"养成教育内容，拟定《班级学生"好习惯互助团队"评价标准》《学校"好习惯优秀中队"评价标准》和《家长"好习惯互助团队"评价标准》，按照《标准》实施评价。

九、评价方法步骤

（一）建立学生"好习惯"互助团队评价体系

1. 团队组建

根据班级学生思想表现和学业情况，先将全班学生按"优秀、良好、较好、后进"分为四组，然后确定班级"好习惯互助"团队数量，将"优秀"等次学生直接确立为每个"好习惯互助"团队组长,最后由组长从"良好、较好、后进"三个等次的学生中各抽取一名学生作为团队成员,每个团队基础成员为四人。

2. 团队命名

"好习惯互助"团队组队后,在班主任指导下,由各"好习惯互助"团队讨论,确立团队名称、制定口号、明确团队成员职责。

3. 制定细则

班主任召开"好习惯互助"团队组长会议,研究制定班级"好习惯互助"团队评价细则,制定奖惩措施。

4. 评价实施

(1)每个"好习惯互助"团队每月的基础分为500分。

(2)根据《班级"好习惯互助"团队评价细则》对每个"好习惯互助"团队实施考核评价,考核评价由班主任总体负责,由班级"好习惯互助"团队相互之间进行。

(3)所有任课教师以"素养币"为评价载体,对日常课内、课外表现优秀的学生,单元考、月考、期末测试等成绩优秀的学生,及时奖励相应分值的"素养币",并由班长和各"好习惯互助"团队组长负责记录在册。

(4)每周班会课,各班结合班级和学校周信息反馈情况,依据班级考核细则,对班级违纪学生及成绩不理想的学生,扣罚该学生及团队相应的积分,综合统计每周成绩,计入个人和团队考核表中。每周班级考核优秀的"好习惯互助"团队可享受一天无作业日奖励。

(5)每月各班进行总结,对优秀的团队进行相应面额的"素养币"的奖励。

(6)每学期各班进行总结,对优秀的团队报送学校奖励,或参加班级、学校组织的实践活动。

(7)学生参与各级各类竞赛活动,由辅导教师考核颁发"素养币",获得名次的学生颁发面额较大的"素养币"、奖状、奖品。

(二)建立家长"好习惯互助"团队评价体系

1. 建立家委会

成立班级家长委员会,设置主任、副主任、组织部部长、宣传部部长、财务部长各一名,并明确各自职责。成立学校家长委员会,设置主任、副主任、组织部部长、宣传部部长、财务部长各一名,成员31名,并明确各自职责。

2. 团队组建

根据班级学生自主组建的"好习惯互助"团队,对应的成立家长"好习惯互助"团队,每个家长"好习惯互助"团队基础成员为四人,分别是该团队孩子的家长。家长"好习惯互助"团队组长由学生"好习惯互助"团队组长的家长担任。

3. 团队命名

班级家长"好习惯互助"团队的名称和学生"好习惯互助"团队的名称一致,团队口号、团队成员职责,由各班家长"好习惯互助"团队小组讨论确立。同时,建立QQ群。

4. 考核内容

(1)学生家庭作业的督促、指导、检查和评价情况;

(2)参加家庭教育培训、家长会、亲子读书活动情况;

(3)参与学校志愿服务活动情况;

(4)学生所在的"好习惯互助"团队成绩;

(5)参与学校科技、体育、艺术活动等方面成绩。

5. 团队激励

每月各班主任根据各家长"好习惯互助"团队工作情况评选优秀团队若干名,奖励"素养币"。家长获得的"素养币"可以转给自己的孩子。每年学校表彰奖励优秀的家长"好习惯互助"团队。

（三）建立"好习惯优秀中队"评价体系

1. 评价内容

（1）进行班务工作手册的制订，完善班务工作手册中规定的各项内容。

（2）进行教室布置，营造积极健康的班级文化。

（3）进行学生"8个好习惯"养成教育班级管理，落实学校提出的各项工作要求。

（4）积极组织、参加、支持学校开展的各项活动，成绩优良。

（5）进行家庭教育指导、培训、考核。

2. 评价方式

（1）每个中队每月的基础分为1000分。

（2）每周政教干部、少队干部、年级组长、值周领导、门卫、包年级领导，进行问题检查记录。政教处根据检查问题反馈单，根据《"好习惯优秀中队"评价标准》，扣除或奖励相应的分值，核算并公布每周考核结果。第1~6名班级分别奖励30分、25分、20分、15分、10分、5分。对考核前两名的班级颁发流动红旗，并对各班进行周问题反馈。

（3）每月综合统计各班各周考核成绩，进行一次总结评价。对月度考核年级前两名班级的班主任颁发证书，对班级分别进行100、80积分奖励。月度考核成绩可作为班主任津贴发放的依据。对每月年级考核最后一名的班级进行诫勉谈话。

（4）每学期进行一次综合评价，对"好习惯优秀中队""升旗活动优秀中队"颁发证书和奖品，并奖励200积分。两学期合计为学年总成绩，将作为评选市级、校级优秀班主任、优秀德育工作者、师德标兵等的依据。

（5）学校政教处对安排的临时性、阶段性、持续性工作等，按要求进行检查，记录问题。政教处根据存在的问题，对照每项扣分标准，扣除相应的分值，计入学期考核之中。

（6）其他加分项目：① 参加学校开展的各项活动获团体1~3名分

别奖励200、150、100分,第3名后的团体各奖励50分;②组织参加社区服务、慰问孤寡、参观、参与学校集体活动给班级奖励50分,参与市级以上集体活动奖励80分;③支持学校积极开展各项活动,参与的学生每生给班级记10分。

(7)学校对违反校规校纪的学生进行惩戒,惩戒包括亮相、点名、找家长、检查、扣除班级考核分、落实任务清单等。

十、"素养币"使用规定

1. 每张"8个好习惯"荣誉卡可与20分面值的"素养币"等值。

2. "素养币"面值分别为:1分、2分、5分、10分、20分、50分、100分。

(1)1分和2分面值的"素养币",多用于课堂内外学生点滴进步或积极上进的表现;

(2)5分面值的"素养币",多用于课堂内外表现突出、进步较大学生的奖励;

(3)10分和20分面值的"素养币",多用于奖励单元检测、月考检测、参与校级竞赛取得好成绩等提升幅度较大的学生;

(4)50分面值的"素养币",多用于思想行为改进大、成绩提高明显、参与竞赛活动成绩突出的学生;

(5)100分面值的"素养币",多用于统测学科成绩全优,或获得市级以上竞赛一、二、三等奖,或获得市级以上的先进的学生等。

(6)"素养币"面值分等值计入学生"好习惯"互助团队和个人之中。

十一、币(卡)配发

1. 用"好习惯荣誉卡"置换本班各学科发放的所有"素养币",使"素养币"循环使用。不够置换的将顺推至下月,缺少的"素养币"学校给予补充。

2. "素养币"的配发：以班为单位，分三个档发放，每档拉开一定的差距，并充分考虑年级班级人数。语文及班主任为一档，数学、英语、品德、科学等统测学科为二档，音、体、美和信息技术学科为三档。

3. 学校行政管理人员按所任学科进行配发。学校保安及"4050人员"参与评价工作。

十二、"素养币"积分奖励规则

1. 校级每学期至少开展一次以年级为单位的积分竞拍活动，奖品类别、奖品等级由学校提供。

2. 班级每学期可根据情况开展1~2次积分竞拍活动，活动奖品由班主任和家长委员会协商确定。

3. 进行"素养币"兑换奖品活动。学校为每两个年级设置一个"素养商城"，商城奖品由学校提供，明码标价，并由学生干部管理。每周每个年级商城开放一天，学生可以到本年级素养商城，用自己获得的"素养币"兑换奖品。

4. 学校禁止学生之间买卖和勒索"素养币"。

十三、后勤保障

1. 总务处根据政教处提供奖品类别及数量做好物品购买，确保全校积分拍卖活动正常开展；

2. 信息管理员注重收集活动开展影像资料。

第四节　小学生"8个好习惯"养成教育校本课程范例

良好的习惯是每个人走向成功的必然要求，因此，抓好学生的养成教育，培养学生的良好习惯，是每一位教育工作者的责任。小学阶段正是养成孩子良好行为习惯的最佳时期，如何在这个阶段培养好小学生良好的行为习惯，是每一个小学教师及家长都十分关注的问题。有一对中医夫妇，因为一生保持着饭后用淡盐水漱口，晚上睡前刷牙的好习惯，所以他俩双双健康生活至耄耋之年依然能高歌，依然能用自己满口的牙啃骨头。一个学生如果生活、卫生习惯好，就有益于身体健康；文明礼貌习惯好，品德就优良；学习习惯好，定能取得好的学业成绩……

我校实施的小学生"8个好习惯"养成教育培养目标就是从小学生良好行为习惯教育入手，通过小学阶段的培养教育，使之逐步内化为自己的美好的言行。为使此项工作顺利推进，2021年7月学校对2013年编辑的小学生"8个好习惯"养成教育德育校本课程进行了改版，原来以每一个好习惯编辑成册的8册64课，改为以年级编辑成册的6册。96课，每个好习惯增加到12个教育点。每个年级分别落实礼貌待人、讲究卫生、学会学习、诚信做人、自我管理、遵守公德、增强体质、安全自护"8个好习惯"中的2个教育点，6年完成96个教育点的教育任务。教育内容涵盖校内校外、课内课外等小学生日常行为规范。每册书每课都按照"名人名言""教育提示""生活在线"等方式编排，还有议一议、记一记、搜集、讨论、综合实践活动等多种形式的教育活动，图文并茂，内容丰富，使人一看便知，深受师生喜爱。该套书的出炉，进一步丰富了学校德育内容，使学生良好行为习惯的养成和训练更加贴合实际，必将促进学风、班风和校风的根本性转变。

在实施的过程中要注意以下几点：第一，言传身教。教材无非是个例子，要使学生养成良好的行为习惯，教师、家长本身的示范作用尤为重要。因此，教师、家长要成为学生的榜样，以教师、家长"8个好习惯"教育目标严格要求自己，让自己的一言一行都潜移默化地影响着学生。第二，学习渗透。好习惯教育越早越好，对低年级学生来说，从一入学就实施培养，在教育教学的各个环节渗透养成教育，使之尽早形成良好习惯，不但利于学习，而且受益终身。第三，立体矫正。小学生年龄小、知识少，良好习惯正处于形成时期，只靠教师是不行的，需要学校、家庭、社会三位一体，共同矫正学生不良行为。

习惯的养成是一项艰巨的工程，不是一朝一夕的事。在习惯形成的过程中，孩子会出现反复，这是很正常的，需要老师和家长的爱心、耐心和信心，要用放大镜去看孩子，给予孩子心理上的支持。习惯决定成败，习惯决定人生，愿孩子的老师、爷爷奶奶、爸爸妈妈等都能成为孩子良好习惯养成的催化剂，让好习惯伴随孩子走好人生的每一步。

一、见人主动问好

乔·吉拉德是世界上最伟大的销售员，连续 12 年荣登世界吉尼斯世界纪录大全世界销售第一的宝座，他创造了 5 项吉尼斯世界汽车零售纪录：平均每天销售 6 辆车；最多一天销售 18 辆车；一个月最多销售 174 辆车；一年最多销售 1425 辆车；在 15 年的销售生涯中总共销售了 13001 辆车。乔·吉拉德所保持的世界汽车销售纪录连续 12 年平均每天销售 6 辆车，至今无人能破。

当他还是一位普通的推销员时，去拜访一位有购买意向的客户，最后却灰头土脸地回来了。让人更加沮丧的是，这位客户后来向公司投诉说，他本来是要订购产品的，但是看到他冷淡的态度之后，生气极了，终止了这次买卖。经理了解到这些情况后，微笑着对他说："为什么不再去拜访一次？不要有太多的压力，调整好心态，记住微笑能带来奇迹，即使是在接听电话的时候，对方也能感受到你的微笑……"他按照经理说的，面带微笑地再次去拜访了那位客户。这次客户被他快乐、谦逊、真诚的微笑感染了，爽快地签订了协议。他高兴不已，马上打电话联系以前那些曾经没有做成生意的客户。他微笑着面对客户，气氛缓和了，客户的不满一扫而光，不久之后，他又做成了几桩生意。

教育提示：乔·吉拉德的成功与经理的教导是密不可分的，可以说是微笑成就了他今天的事业。这便是微笑的奇迹！接受微笑的人感受快乐，给予微笑的人体验幸福。一个刹那间的笑容，能给人留下深刻的印象。记住："当你笑时，整个世界都在笑。一脸苦相没有人愿意理睬你。"

二、适时使用文明礼貌用语

小熊悠悠可高兴了，因为今天在幼儿园学了好多礼貌用语。傍晚，小熊悠悠出去散步，走啊走，遇到了兔妈妈，悠悠跑上前大声地说："你好，兔妈妈。"兔妈妈好高兴啊，摸着悠悠的头直夸他有礼貌……

小熊继续往前走，不小心踩到了狐狸大叔的脚，狐狸叔叔疼得"哎哟、哎哟"直叫，小熊忙说："谢谢。"说完，他就急急忙忙往前跑了……

猪奶奶给你糖吃，远远地，猪奶奶在招呼小熊。太好了！有这么多糖果吃，悠悠越想越高兴，张嘴就对猪奶奶说："对不起，猪奶奶。"猪奶奶端着糖果自言自语说："小熊这是怎么了？"

小熊跑呀跑，看到前面小松鼠拎着一大篮子的东西。急忙跑上前说："小松鼠，我来帮你吧。"说着就拿过了小松鼠的篮子，还边走边说"别客气"，小松鼠摸着脑袋说："应该我先说谢谢啊！"

教育提示：这是一个非常有趣的故事，小熊刚刚学会使用"谢谢""对不起"等礼貌用语，但却往往用错场合，结果闹出不少笑话来。亲爱的同学们，礼貌用语能让我们更亲密、更关爱彼此，我们要在平时的学习生活中正确地使用礼貌用语，做个好孩子。

三、早晚刷牙

小熊哈利觉得，刷牙真是一件麻烦事儿。

他讨厌极了牙刷和牙膏！"哈利！"妈妈说，"该去刷牙了！""我知道啦!"哈利躲在浴室里,打开水龙头。妈妈还以为他在刷牙呢。"有那么多的牙齿,我怎么可能把所有的牙都刷到嘛!"哈利抱怨说,"早上要刷牙!晚上也要刷牙!每天都要刷牙,真是麻烦!"哈利看着自己脏兮兮的牙齿,突然有了一个好主意:"嗯……今天就不刷牙了,明天多刷一次不就行了吗?"可是,今天推明天,明天推后天,哈利每次都说:"明天多刷一次就行了嘛。"不过,到了第二天,他又把刷牙的事忘到九霄云外去了。

一天,哈利又像平常一样,不刷牙就去睡觉了。他快要进入梦乡的时候,忽然觉得嘴巴里怪怪的:原来,所有的牙齿都不见啦!"咦,我的牙齿呢?我不是在做梦吧?"哈利再也睡不着了,他翻来覆去的,一直在想那些失踪的牙齿。他从床上爬下来,走到镜子跟前,使劲儿张开嘴巴。这一看,让哈利高兴得差点儿晕倒了:哇!嘴巴里真的一颗牙齿都没有了!"哈哈,太好了!"哈利高兴极了,"我再也不用刷牙啦!"他兴奋地跑去找朋友们,迫不及待地想跟大家分享他的快乐。"告诉你们一个好消息!我现在一颗牙齿都没有了!"哈利骄傲地宣布。"什么?牙齿没有了?"兔子和狼都感到十分奇怪,接着他们就大笑起来,"可是,哈利,如果没有了牙齿,你还算是一只熊吗?""唉,你们根本就不懂!"

哈利继续往前走,遇到了一只啄木鸟。"啄木鸟你看!我的牙齿不见了,突然一下子全都消失啦,多好呀!"哈利一边炫耀,一边把嘴巴张得大大的。"可是,哈利,没有牙齿一点都不好玩。你不能吃东西,说话也含糊不清,大家都会笑你的。没有牙齿是很糟糕的呀!"啄木鸟点点头说,哈利愣愣地想了想,又挠了挠脑袋。是啊,啄木鸟的话一点都没有错。没有了牙齿,真的没有什么好炫耀的。哈利回到家里,发现桌子上摆了许多好吃的东西:坚果、鲜鱼,还有他最爱吃的干蘑菇。

哈利好想吃啊,可是没有牙齿,他什么都咬不动了。哈利难受极了,跑到屋外哭了起来。"我该怎么办呀?森林里所有的动物都有牙齿,只有我没有!我看起来也完全不像一只熊了。我该怎么做,牙齿才会回来呢?

谁能帮帮我啊?"他不停地哭着,哭得可伤心了。

这时,一只猫头鹰飞过来,对他说:"哈利,没有牙齿很痛苦吧?你应该去把牙齿找回来啊!可是,找回了牙齿,你能保证把他们刷得干干净净吗?你能做到每天早晚都刷牙吗?""我保证,我一定能做到!"哈利大声说……这时,哈利醒了。其实,所有的牙齿都好好地长在嘴巴里呢!

从这一天起,小熊哈利每天都把牙齿刷得干干净净的。爸爸妈妈也很高兴,他们称赞说:"哈利真是个好孩子!"

教育提示: 牙齿对我们很重要。要养成良好的饮食卫生习惯,少吃糖,每天早晚刷牙。刷牙的时候要认真,牙的里里外外每一个角落都要刷到,刷牙的时间最少也要三分钟,而且要养成早晚自觉刷牙的习惯,这样才能保护好牙齿。

四、饭前便后要洗手

小猪最近总喊肚子疼,猪妈妈非常担心,它带着小猪来到医院。

大象医生为小猪好好地做了一番检查,然后对它进行询问。

"孩子,我问你,你吃东西之前洗手吗?"大象医生问。

小猪摇摇头,说:"不,我不洗手。"

大象医生听了,说:"看来,我找到病因了!"

猪妈妈和小猪问:"病因是什么?"

大象医生说:"我们常说'饭前便后要洗手',可是小猪吃饭之前都不洗手,肚子能不痛吗?"

小猪听了,顿时明白了,以后,饭前便后一定要洗手!

教育提示: 我们在生活中总是离不开手,手的用处太多了,尤其在公共场所中难免会触碰到各种东西,而很多东西上的细菌我们用肉眼是看不到的,手上很容易有这些细菌,所以在吃饭前和上厕所之后洗手,是可以预防许多疾病的。

五、养成正确的读书、写字姿势

书写的姿势对于练习写字非常重要。正确的写字姿势不仅能保证书写自如，减轻疲劳，提高书写水平，而且还能促进孩子身体的正常发育，预防近视、斜视、脊椎弯曲等疾病的发生。

正确的写字姿势是：上身坐正，两肩齐平；头正，稍向前倾；背直，胸挺起，胸口离桌沿一拳左右；两脚平放在地上与肩同宽；左右两臂平放在桌面上，左手按纸，右手执笔。眼睛与纸面的距离应保持在一尺左右。

常言道坐有坐相、站有站相，读书写字也有正确姿势。孩子正确的读书、写字姿势，要从小注意培养。

小军很爱看书，他走路的时候看书，中午吃饭的时候也看书，晚上睡觉的时候钻进被窝里还在看书。

有一天，小军觉得看事物模模糊糊，看不清楚，就去问医生。医生给小军检查了一下视力，然后语重心长地对小明说："你的眼睛近视了，看书是好事情，但是不能在吃饭、走路、躺着的时候看书，更不能使眼睛过度劳累。"小军后悔地说："我一定要改掉这些不良的习惯。"

这个故事告诉我们：眼睛是心灵的窗户，比金子还宝贵，我们要好好爱护它，养成良好的看书习惯。

教育提示：正确的写字姿势口诀：写字时，坐端正，腰打直，利用拇指、食指、中指来执笔，离笔尖三公分，笔尖轻轻靠，前三指，带笔走，后两指，要稳定，两肩平，放轻松。

六、回答问题积极

作为一个学生，要想高效利用课堂 40 分钟，就必须养成上课积极回答老师问题的学习习惯。积极回答老师的问题，不仅能够活跃课堂的气氛，还能让我们变被动听课为主动学习，大大提高自身的思维水平。

哈佛大学数学系的一位学生在回顾自己中学时代的学习生活时说：不

管上哪门课，我都会积极地回答老师提出的问题，因为这样能够让我主动地接受和吸收知识，让原本被动的听课转变成了一种积极的互动活动。另外，积极回答老师的提问还能锻炼自己的表达能力，这对于解答主观题有很大的帮助。对我而言，上课积极回答老师的问题是一种非常好的方式。刚开始的时候，觉得在众目睽睽之下回答问题很不好意思、很没信心，但我还是鼓足了勇气举起了手，有了第一次、第二次、第三次，我也就慢慢有了信心，也得到了老师的鼓励，同学们也刮目相看。有了自信之后，我便慢慢养成了上课主动回答老师问题的习惯，感受到了学习的乐趣。

凡是那些在课堂上表现比较活跃、能够积极回答问题的学生，大多成绩比较优秀；而那些一听到老师提问便将头低下、一声不吭的学生，则大多数成绩平平。之所以会出现这种对比，其实并不难理解：那些能够在课堂上积极响应老师提问的学生，他们的思路必定会和老师的思路保持高度一致，因此，在老师提问的时候他们才会胸有成竹、大胆回答；而那些不敢回答问题则越来越胆怯，越来越没有信心。

既然积极回答老师的课堂提问有这么多好处，那么具体说来，我们应该在课堂上如何表现呢？

我们要时刻提醒自己：我们的身份是学生，而学生最大的任务就是学习。正因为我们还有很多不懂的地方、所以回答错误是很正常的，也就是说，即使我们回答错了，也没什么可担心和害怕的。

也许有的学生会这么想：如果一个问题别人都明白，就我一个人不清楚，这个时候我答错了老师的问题，岂不是在向大家"展示"自己的无知？其实不然。有这种心理的学生首先要弄明白的一点是：学习是为了自己，不是为了别人。假如我们总是将自己的成功和别人的嘲笑联系起来，那么我们永远也不会真正成功。另外，有这种心理的学生一般都将自己看得太重了，要知道别人是不会将目光总停留在你身上、关注你的一举一动的，在他们心中你远远没有那么引人注目。当然，那种因为害怕露怯而不肯回答问题的想法就更加幼稚了。正因为自己有缺点和错误我们才更应该积极回答问题，这样我们才能及时发现自己的问题所在，进而矫正完善自己，才会在学习上不断取得进步。

教育提示：我们要在课堂上大胆回答老师的提问，即使我们的回答是错误的，我们也能在这个过程中锻炼自己的思维能力，知晓自己的不足。千万别惧怕丢脸，课堂上永远不存在什么丢脸的事，只要我们多一些勇气，我们就在学习上收获更多。

七、不说谎 讲诚信

从前，有个放羊娃，每天都去山上放羊。

一天，他觉得十分无聊，就想了个捉弄大家寻开心的主意。他向着山下正在种田的农夫们大声喊："狼来了！狼来了！救命啊！"农夫们听到喊声急忙拿着锄头和镰刀往山上跑，他们边跑边喊："不要怕，孩子，我们来帮你打恶狼！"

农夫们气喘吁吁地赶到山上一看，连狼的影子也没有！放羊娃哈哈大笑："真有意思，你们上当了！"农夫们生气地走了。

第二天，放羊娃故伎重演，善良的农夫们又冲上来帮他打狼，可还是没有见到狼的影子。放羊娃笑得直不起腰："哈哈！你们又上当了！哈哈！"

大伙儿对放羊娃一而再再而三地说谎十分生气，从此再也不相信他的话了。

过了几天，狼真的来了，一下子闯进了羊群。放羊娃害怕极了，拼命地向农夫们喊："狼来了！狼来了！快救命呀！狼真的来了！"

农夫们听到他的喊声，以为他又在说谎，大家都不理睬他，没有人去帮他，结果放羊娃的许多羊都被狼咬死了。

说谎是一种不好的行为，它既不尊重别人，也会失去别人对自己的信任。我们应该培养诚恳待人的良好品质。做人应诚实，不能通过说谎来达到自己的目的，更不能以说谎去愚弄他人。

让我们用心灵呼唤诚信，拥抱诚信，为自己的人格涂上一层亮色！用心灵呼唤诚信，拥抱诚信，让世界因诚信而春意盎然，五彩缤纷！让我们用心灵呼唤诚信，拥抱诚信，让我们在人生道路上与诚信同行！

教育提示：孔子曰："人而无信，不知其可也。"对个人而言，诚信乃立人之本，是做人处世的基本准则，是每个公民正确的道德取向。从修身的角度看，诚信是人内心升起的太阳，可以照亮自己，也可以温暖别人；诚信是一把金钥匙，可以打开人的心锁，也可以打开知识和财富的大门；诚信绽放着生命之美，生活因它而多姿，人生因它而多彩。对企业而言，诚信是其赖以生存的根本。

八、按时归还所借的东西

春天到了，兔爸爸、兔妈妈高高兴兴地带着兔宝宝搬进了新家。

那里有一望无际的草地，草地上盛开着五颜六色的鲜花，美丽极了。最让小白兔感到高兴的是它多了一个新邻居——小老鼠。

第一天，鼠妈妈跑到小白兔家："兔妈妈，你家有吹风机吗？借我用一下！"兔妈妈热情地说："有啊！"鼠妈妈拿起吹风机就走了，也没有跟小白兔妈妈说谢谢。到了晚上兔妈妈洗头发了，自己要用吹风机。可怎么也找不到，原来鼠妈妈还没有还呢！

第二天，鼠爸爸跑到小白兔家："兔爸爸，你有剃须刀吗？借我用一下！"兔爸爸也热情地说："有啊，等一下，我去给你拿。"鼠爸爸拿起剃须刀走了，并没有说谢谢。到了晚上，兔爸爸胡须长了，自己要用剃须刀，可怎么也找不到了，原来鼠爸爸还没有还呢。

第三天，鼠宝宝来小白兔家："兔宝宝。你有奥特曼碟片吗？"兔宝宝兴奋地说："有啊！我去给你拿！"鼠宝宝开心地拿走了，还是没有说谢谢。到了晚上，图宝宝觉得无聊去找奥特曼碟片，可怎么也找不到，原来鼠宝宝还没有还呢！

一天天过去了，老鼠一家什么东西都没有还给兔子家，而且，小白兔借给老鼠一家越来越多的东西，都是有去无回。吓得兔妈妈、兔爸爸、兔宝宝准备搬家了，再也不敢和小老鼠做邻居了。后来，她们准备搬家的时候，被小老鼠一家看见了，小老鼠就拉着小白兔的手问小白兔为什么要搬家。小白兔说："因为你们欠我家太多东西了，爸爸妈妈觉得你们不讲信用，只好搬家了。"小老鼠听了，惭愧地低下了头。然后小老鼠连忙回家把向小白兔一家借的东西还给小白兔，小白兔高兴地对小老鼠说："那我们就不搬家了。"

后来，小白兔和小老鼠又成为了好朋友和好邻居。

教育提示：俗话说："有借有还，再借不难。"向别人借的东西一定要准时归还，下次我们急需的时候，别人才肯再借我们。这其实也是一个人的信用问题，孔子说："人而无信不知其可也。" 一个人如果没有信用，别人是不会对他产生信任的。

九、学会自己整理书包

在我上一、二年级的时候总是到星期六、星期天才把书包拿回家让爸爸、妈妈帮我整理，可是现在已经上三年级了，老师告诉我们应该自己的事情自己来做。爸爸、妈妈指导就可以了。

今天我准备回家自己整理书包。在回家的路上，我想：以前爸爸、妈妈帮我整理书包，我连看也不看，只知道用的时候随手从书包里拿出来用，那么今天我该从哪里下手呢？回到家，我看着自己的书包乱糟糟的，连新本子的角都卷了，妈妈瞅了一眼，说："快把书包整理好。"我仔细一看，本子、书、笔……杂乱无章地塞在书包里，我赶紧把它们倒在床上，开始整理起来。

我先把语文书和语文练习册放入一个大袋子里，接着把数学书和数学练习册放进另一个大袋子里，然后把英语书和英语本子也放入一个大袋子里。我看了一下课程表，明天还有科学课，我拿起了科学书，也塞进了大袋子里。书本们按照语、数、英的分类被我安顿在书包里。床上的铅笔盒、削笔刀、钢笔、铅笔散落一床。我二话不说马上拿出削笔刀削铅笔，然后放了几支水笔在笔盒里，将笔盒塞进了书包的空隙里，顺便把作业本放了进去。接着我把水壶放进了旁边小袋。书包还有一个百宝袋，里边有我的零用钱、心爱的镜子还有公交卡，一切整理好后我把书包放在床头，就去玩了。第二天上课，用起来很方便。

当你把乱七八糟的书本整理得整整齐齐时，是不是很有成就感呢？其实整理书包也是一件快乐的事情呢！

教育提示：有人说过："习惯决定性格，性格决定命运。"所以，一个人如果养成良好的学习和生活习惯，可以造就良好的品行。

十、物品用完放回原处

"妈！有没有看见我那件新的红裙子？"罗宾上气不接下气地冲进厨房，妈妈正在那里喝咖啡："我想你昨晚扔地板上了吧。"妈妈平静地回答。罗宾立刻就急了。"噢，不！"她哭了，"我完了！学生团体选举大会上我还要穿呢！"说着就跑了出去。

看着14岁的女儿从门口消失，妈妈得意地笑了。

原来，妈妈和罗宾为她的房间乱七八糟吵了好几年。罗宾总是风风火火的，情愿从一个地方跳到另一个地方，也懒得捡地板上的东西。她那无穷尽的精力一点也没有用到保持房间的整洁上。罗宾找不到需要的东西时，自己也特烦，她甚至承认她喜欢受点约束、更有条有理一点。

妈妈厌倦了从地板上捡衣服，所以她上星期开始采用一种新办法：告诉罗宾将没收每一件捡到的衣服，一个星期以后才能拿回去。罗宾以为这没有关系，仍然把衣服扔在了地板上……

其实罗宾有整整一晚上的时间可以收拾整理她的衣服，可是，直到第二天早上她出门上学前都没有付诸行动。等罗宾上学走后，妈妈就走进她的房间，把所有的没挂起来的和没在洗衣筐里的衣服都抱走。妈妈有一个箱子，外面写上了从那天起一个星期之后的日期。妈妈把衣服放进去，再把箱子存放在衣橱的架子上。在那个日期以前，罗宾不能拿走那个盒子里的衣物。此时，罗宾因为没有拿到那件红裙子，给班级丢了脸。

其实，许多同学都有像罗宾这样的情况。和谐的生活、学习、工作状态一定是有秩序的，失去秩序会让人感觉十分糟糕。假如一个人习惯了整洁有序的家居环境，就会近乎本能地拒绝杂乱和肮脏。

教育提示：物品用完放回原处，对我们每个人来说是举手之劳。作为一名小学生，从小就要做个有心人，不论是在家庭、学校还是其他公共场合；不论是独自一人，还是有人监督；不论是自己、别人的东西，还是公共物品；更不论物品价值大小，都必须做到把用过的东西放回原处，给人方便，给自己方便。

十一、不随手丢弃垃圾

市民陈先生坐车经过广电大楼门口的红绿灯时，只见前面一辆红色轿车打开车窗，车里的人随手扔出两个空矿泉水瓶，陈先生马上掏出相机，拍下两个矿泉水瓶在地上蹦的情形。陈先生说，现在车虽然多了，但是开车的人的素质并没有怎么提高，很多人都有随手乱扔废弃物的习惯。城市卫生这么整洁，他们毫无顾忌地把车里的废弃物随手扔到地上，一方面影响环境整洁，一方面给保洁人员带来很大安全隐患，因为保洁人员不得不走到路中去捡垃圾，他们这样做等于故意让保洁员经常处于危险境地。像这样的不文明的人，全社会都应该谴责。

曾经有一位校长，当她看见学生随手将垃圾丢在地上时，总是要追上那个学生，温和地提醒他："嗨，你掉了一样东西。"有学生反应迟钝，居然对她感激地笑笑说："没有啊，校长。"她便指着地上的东西给他看，那学生于是脸红红地拾起垃圾，跑掉了。

"你掉了一样东西。"到底掉了一样什么东西呢？同学们也许会说，不就是掉了一样垃圾吗？不，如果你随意地扔弃手中的垃圾，你就丢掉了可贵的公德心，失去了提高自己修养，让自己成为品行高尚的人的机会，你的心中也便没有对大自然、对土地的热爱。

由此，我想到了我每天早晨上学路上，喝完牛奶后第一件事便是寻找垃圾桶。看到垃圾桶后我就会手拿奶盒向垃圾桶一扔，奶盒就投向了垃圾桶的怀抱。经过三年的练习，我已经是一个百发百中的"灌篮高手"了。

同学们，只要你不随意地扔掉任何垃圾，而是走到垃圾桶前轻轻地把垃圾扔进垃圾桶里，看到垃圾能不怕脏、不怕累主动弯腰捡拾地上的垃圾，你会因此为自己而自豪——因为你是一个行为高尚的人。

愿我们每个人都记住，当你随手乱扔垃圾时，"你就掉了一样可贵的东西"。

教育提示： 将垃圾随手一扔虽然方便，但是给清洁工增加了不必要的工作量，给环境造成了危害。"城市是我家，清洁靠大家。"所以，为了我们的城市，请不要随手丢弃垃圾。

十二、有序上卫生间

良好的秩序是一切美好事物的基础，没有秩序我们的生活就会变得一团混乱。

小小的厕所，最能反映一个国家、一个社会、一个单位的文明程度，厕所是一个小小的窗口，但它却能最真实地检验公民的文明素养。

在学校上下卫生间时，首先要耐心等待排好队，走素养步道，不追逐打闹，看好脚下的路，避让行人。到达卫生间后靠右上下楼梯，顺着人流走，切不可逆着人流前进，否则，很容易被人流推倒。在人群中走动，遇到台阶或楼梯时，尽量抓住扶手，防止摔倒。不在楼梯或狭窄通道嬉戏打闹，不拥挤、不起哄、不制造紧张或恐慌气氛。

上卫生间时，爱护公物，珍惜设施，节约用纸，方便自己，方便大家。大小便入池，手纸入篓，严于律己，养好习惯，及时冲水，冲干净后再离开，保持厕所洁净。尊重清洁工的劳动成果，尊重他人，不乱涂乱画，不乱扔水瓶、牛奶盒入便池，自觉维护厕所环境卫生。

教育提示：如厕虽是不登大雅之堂的小事，但是体现出一个人的道德意识和生活习惯，有序上下卫生间，保持干净整洁的如厕环境也应该是任何良好生活环境建设所不可或缺的内容。所以希望同学们从自身做起，从点滴小事做起，做一个举止文明的当代小学生！

十三、不吃零食

森林里有一座漂亮的小房子，住着小白兔一家。小白兔样样都好，勤学习、爱劳动、乐助人……可就是有个爱吃零食的坏习惯。

小白兔的爸爸妈妈真操了不少心呀！他们为小白兔买了开胃的药，希望能使她有食欲，想吃饭，可小白兔就是觉得太难吃，结果全浪费了。

有一天，小白兔在院子里玩，突然就晕倒了。爸爸看见了连忙抱起小白兔，把她送到了医院。山羊大夫给小白兔仔细地检查了一遍，摸着小白兔的头问："你平时都吃些什么呀？"小白兔低着头说："糖果、薯片、巧克力……从来不吃米饭和蔬菜。"山羊大夫捋了捋胡子，笑着说："那就对了，你从不吃米饭和蔬菜，身体长期得不到充足的养分，造成严重的营养不良，所以你才会突然晕倒啊。"小白兔听了这番话，知道了吃零食的坏处，决定要改掉这个坏习惯。

从此以后，小白兔天天吃米饭和蔬菜，身体慢慢结实起来。在一次学校的800米长跑比赛中，还得了第一名的好成绩。

常吃零食的危害有：

第一，经常吃零食，会破坏正常的饮食习惯，打乱胃肠消化，引起消化不良。

第二，整天零食不离口，还能使胃液分泌失调，消化功能紊乱，食欲减退，对正餐不感兴趣，结果必需的营养得不到保证，热量摄入也不够，必然影响健康。

第三，吃零食也容易引起感染，吃零食时，往往是"随手拈来"，最容易由于手不干净或食品不洁而致肝炎、腹泻等疾病。

零食，大部分是含有高糖分、色素、香料的甜食类，吃多了，血糖会很快上升，影响食欲及正餐的摄取。

教育提示：许多小朋友爱吃零食，有的小朋友甚至零食不离口，父母也为此烦恼。有调查表明，约四分之一的小学生有经常吃零食的习惯。

现在人的身体普遍处于亚健康状态，癌症的频繁发生早已是屡见不鲜的事。目前，肿瘤多发人群仍是四五十岁的中年人，但有年轻化的趋势。5岁女孩患上肝癌晚期，20岁小伙子患上恶性淋巴瘤……这些案例与生活习惯、环境污染、膳食结构等都有关系。现代生活节奏快，很多年轻人都忽视了自身健康，加班、熬夜、吃快餐，这些都会影响免疫系统，可能导致原癌基因突变，诱发癌症。

十四、少喝饮料

饮料是小朋友们喜欢的，但喝多了会对身体造成危害。

1. 易越喝越渴：有专家指出，碳酸饮料中含有大量的色素、添加剂、防腐剂等，没有一样是对身体有好处的。这些成分在体内代谢时需要大量的水分，而且含有的咖啡因也有利尿作用，会促进水分排出，所以喝碳酸饮料，就会越喝越觉得渴。

2. 易造成肥胖：碳酸饮料一般含有约10%的糖分，一小瓶热量就达到一二百千卡，经常喝容易使人发胖。研究证明，多喝甜饮料会有效促进肥胖,而少喝甜饮料有利于控制体重。

3. 损伤牙齿:软饮料显然已成为造成蛀牙的最重要的因素之一。软饮料中的酸性物质及有酸性糖类副产品会软化牙釉质,对牙齿龋洞形成起到促进作用。如果牙釉质软化,再加上不正确刷牙等陋习,会导致牙齿损坏。

4. 影响消化:碳酸饮料喝得太多对肠胃非但没有好处,而且还会大大影响消化。因为大量的二氧化碳在抑制饮料中细菌的同时,对人体内的有益菌也会产生抑制作用,所以消化系统就会受到破坏。特别是年轻人,一下喝太多饮料,释放出的二氧化碳很容易引起腹胀,影响食欲,甚至造成肠胃功能紊乱,引发胃肠疾病。

5.导致骨质疏松:据报道,甜饮料和骨质密度降低之间有明显关系,甜饮料喝得越多,骨折的概率会增加。

6.易导致肾结石:钙是结石的主要成分。在饮用了过多含咖啡因的碳酸饮料后,小便中的钙含量便大幅度增加,使他们更容易产生结石。如果服用的咖啡因更多,那么危险就更大。人体内镁和柠檬酸盐原本是可以帮助人预防肾结石的形成的,可是饮用了含咖啡因的饮料后,将这些也排出体外,使得患结石病的风险大大提高了。

所以,从维护人体健康的角度来说,白开水是任何饮料都不能代替的最佳饮品。

教育提示:不加节制地喝饮料会影响胃的消化功能,还会改变孩子的饮食习惯,长此以往会影响孩子的生长发育和身体健康。总的来说白开水是最好的饮料。

十五、按时上学回家

2010年1月21日,下班后我不顾天黑路滑,深一脚浅一脚地向家跑去。

在路口的拐角处,我看到一个向远处张望的老人。我走近一看,竟然是小明八十多岁的奶奶。只见她浑身颤抖、嘴唇也不停地抖动，眼睛里除了抑制不住的泪水就是掩饰不住的焦急。见状我赶紧问她发生了什么事，她声音颤抖地说："孙子去上英语课，本来三点放学，可是我去学校接的时候老师说孩子已经走了。我在这里等，可是，已经快一个小时了还没看见孙子的影子，我很担心孙子。"老人又说起来："我在报纸上看到，每天都有很多孩子丢失，我的孙子能跑哪儿去呢？孙子的妈妈上班，爸爸刚做完手术还躺在床上呢！孙子的爸爸已经报警了。"眼看天就要黑了，路面又这么滑，连我都担心这孩子的安危，更何况孩子的奶奶。光着急也不行，当务之急是帮老人找孙子。

我问老人："孩子和谁一起上课？有可能和谁一起玩儿？有可能去谁家？"我按照老人提供的名单，逐一向他们家里打电话。那几个孩子的家长都说没看见这个孩子。在旁边的老人依稀听到了电话的内容，她变得更加焦急了。我想，如果不是有一股力量支撑着她，这么冷的天她早站不住了。我陪着老人又一次站到了路口。我俩不停地向远处张望，远处好像真的有小孩在往这边走来，老人激动地迎上前去，可是，走到跟前，老人失望了。她的呼吸急促起来，不停地向前张望。我也在心里祈祷：孩子，你快回来吧！

正当我们六神无主的时候，我的电话响了，是一位家长打来的，他告诉我他的孙子刚回来，说刚才是和小明一起玩去了，现在应该在回家的路上。我对他连声道谢，挂掉电话我就立刻将好消息告诉了小明的奶奶。但是，老人没看到孩子仍然不放心。过了几分钟，我接到了孩子爸爸的电话，他说，孩子被他的妈妈接到了，我赶紧告诉了在路边张望的老人。老人握紧我的双手激动地说："谢谢你，老师！谢谢你，老师。"走在回家的路上，我想告诉所有的孩子："孩子，放学早回家！别让你的亲人在寒风中为你着急！"

教育提示：同学们，上学不按时到学校、放学不按时回家时，你知道父母和老师多么担心吗？你玩痛快了，可是大人却像热锅上的蚂蚁急坏了，所以大家要按时上学、回家。如果遇到什么问题，要及时告诉家长或老师。

十六、不和陌生人接触

星期六这一天，小红不用上学。可是，爸爸妈妈要出门，小红只好和小狗豆豆一起看家。

爸妈要出门时，对小红说："你自己一个人在家，要乖乖地，不要乱跑，门要锁好，只要是不认识的人，就不要随便开门。"

小红对爸爸妈妈说："爸爸妈妈，你们放心吧！我已经长大了！"爸妈带着笑脸放心地走了。

过了一会儿，有人敲门，小红以为是爸妈回来了，高兴地正要去开门，忽然心想，万一不是呢？我该怎么办？

小红想看看外面，可是她的个子小，够不着门眼，她灵机一动，搬来了一把椅子，站在上面往外一瞧，呀！我不认识她啊！小红问："你要找谁呀？"陌生人回答："我要找你妈妈。"小红又问："那你是谁呀？"

"我是你妈妈的朋友。"陌生人说。

小红就说："那我打电话给妈妈。"

陌生人说："好！"小红赶快打给妈妈，妈妈说："你问她叫什么，再跟她说我要五点才能回来。"

小红挂掉电话，走到门前，对陌生人说："你叫什么呢？""我叫小田。"陌生人说。

小红说："我妈妈要五点才能回来，你五点再来吧！真是对不起。"

"好！"陌生人说完就走了。小红又和豆豆一起开心地玩了起来。

教育提示：坏人会用好吃的食物、有趣的玩具，或者说好听的话骗小孩，把他们骗走，使他们再也不能回自己的家，所以我们不能随便相信陌生人的话，更不能跟陌生人走，陌生人给的东西也不能吃。

第二章

小学生"8个好习惯"养成教育培养目标规范化要求

第一节　小学生礼仪、卫生、自我管理规范化要求

一、小学生文明礼貌用语规范化要求

常用文明礼貌用语十三字：请、您好、谢谢、对不起、没关系、再见。

（一）学生对老师的文明礼貌用语规范化要求

1. 遇到老师：老师好！老师再见！

2. 请求老师帮助：老师，我有一个问题没有听明白，您能不能给我再讲一讲？谢谢老师。

3. 到办公室找老师：（敲门）报告！老师，这是我们班的作业本，全部收齐了。老师再见。

4. 受到批评、得到表扬，受到冤枉：

（受到批评）老师，您批评得对，我一定改正！

（得到表扬）谢谢老师！

（受到冤枉）老师，我也有责任，以后我会注意的！

5. 教师家访：

老师，您请进。老师，您请坐，请喝茶。

妈妈，这是我们的张老师。张老师，这是我妈妈。

6. 在教室、校园里遇到领导或客人、老师来听课或参观：

客人好！校长好！老师好！老师再见！客人再见！校长再见！

7. 班干部向老师汇报工作：

老师，近来班里发生了一些事情，您什么时候有空，向您汇报一下。

（二）学生对家长的文明礼貌用语规范化要求

1. 上学出门或放学回家：

爸爸（妈妈）我上学去了，再见。爸爸（妈妈），我放学回来了。

2. 在家需要父母帮助时：

妈妈，请您帮我找一下洗衣粉好吗？谢谢妈妈。

3. 家中来了客人：

张叔叔，您来了，快请进。爸爸、妈妈，张叔叔来了。

张叔叔，您请坐，请您喝茶。

张叔叔您慢走，再见！

4. 随家长外出做客时：

王伯伯好！刘阿姨好！　王伯伯、刘阿姨再见、请您留步。

5. 去爷爷奶奶家时：

爷爷、奶奶好！你们最近身体好吗？我可想你们了！

爷爷、奶奶，我回去了，你们要多保重身体，下周我再来看望爷爷、奶奶。

6. 老师请家长：

妈妈，我们老师请您明天抽时间到学校去一趟，您别着急，没有什么大事，是我的错，我一定改。

（三）同学之间的文明礼貌用语规范化要求

1. 上学路上，同学相遇：马玲，你好！

2. 课间，碰掉了同学的铅笔盒：哎呀！对不起！对方：没关系。

3. 在教室，踩着同学的脚了：对不起，看看伤着没有？（对方）没关系。

4. 打电话：（接电话）您好！请问您找谁？

（四）学生在社会上文明礼貌用语规范化要求

1. 在公交车上遇见老弱病残孕让座时，称呼：爷爷、奶奶、叔叔、阿姨、弟弟、妹妹您（你）请坐！

2. 在排队买东西遇到长辈时，说：爷爷、奶奶、叔叔、阿姨，您先请！

3. 在别人帮助了你后，说：爷爷、奶奶、叔叔、阿姨，谢谢您！哥哥、姐姐，谢谢你！

4. 在你帮助了别人后，别人说：谢谢你！你说：不用谢！

二、小学生文明礼仪规范化要求

1. 参加升国旗仪式，列队整齐，着装校服，脱帽肃立，行注目礼或队礼；唱国歌严肃，准确、声音洪亮。

2. 穿戴整洁、得体；坐正立直，行走姿势端正；举止文雅，谈吐庄重。

3. 与人交往，使用礼貌用语：请、您、您好、谢谢、对不起、没关系、再见。

4. 使用微笑、鞠躬、握手、招手、鼓掌、礼让、起立等体态语言；递送或接受礼品、奖品起立，并用双手。

5. 进校见到老师，主动问好；上下课时，起立向老师致敬；上课发言先举手；进老师办公室喊"报告"或轻轻敲门，经允许后再进入；离校时与老师、同学道别。

6. 孝敬父母，尊重长辈。外出、到家与父母打招呼；家中用餐请长辈先就座。

7. 敬老爱幼，帮助病残。行走让路，购物让先，乘车让座，尊重、帮助老幼、妇孺、伤残者。

8. 遵守公德、循章骑车、行路；公共场合，不大声喧哗；游览风景名胜时，爱护花草树木、公共设施，不乱丢乱吐。

10. 参加集会，安静听讲，会上发言先向师长和听众致礼，发言结束道声谢谢；观看演出和比赛，做文明观众，适时适度鼓掌致意。

三、校园环境卫生规范化要求

1. 各班值日生每天分早晨和下午两次进行环境卫生清扫，除了清扫环境区域外，还要清扫自己环境区域内设施的卫生。

2. 环境卫生要重在保持，任何学生都不能随意丢弃垃圾，要养成见到垃圾就捡起放进附近的垃圾桶里的意识，见到随意丢弃垃圾的学生要告知老师。

3. 爱护校园内的花草，每年要养一盆花，美化教室，不随意踩踏、攀折树木花草。

4. 倡导文明行为，从我做起，不随地吐痰，不乱扔废弃物，不在校园里大小便，保护环境。

5. 废纸、废塑料、废旧金属等所有可回收利用的物资都应尽量分类回收，减少环境污染。

6. 不在校园里大声喧哗，不影响他人的工作、学习与休息。

四、室内卫生规范化要求

1. 各班要安排好学生值日，教室卫生实行"一日三扫"，每周一大扫。利用晨会对学生值日情况进行小结，查找问题，提出措施。

2. 班级卫生要求做到"五不"：①不乱丢纸屑果皮；②不乱倒垃圾；③不随地吐痰；④不乱画乱涂黑板墙壁；⑤不在教室吃东西。

3. 教室卫生要求做到"六清洁"：黑板无粉尘；课桌椅无污秽；讲桌无灰尘；卫生工具摆放整齐；门、窗、窗台、张贴物清洁无灰尘；教室无卫生死角。

4. 适当养花，净化空气，美化班级环境。

五、小学生个人卫生规范化要求

1. 按时睡觉，按时起床，每天应睡足 9~10 小时，夏季保证 1 小时午休，睡前不要吃得太饱，喝得太多，玩得太累，平时保持坐、立、行走的正确姿势。

2. 早晚洗脸刷牙，饭前便后要洗手，勤洗头勤理发，勤换衣服，勤剪指甲。随身带手绢手纸，不乱扔果皮纸屑，不随地吐痰，不在墙壁、桌子上乱刻乱画，乱涂乱抹，不随地大小便。不在嘴里乱咬东西（如铅笔、指头等），口杯、毛巾要专用。

3. 饮食要定时定量，营养全面，不偏食、不挑食，吃饭要专心、愉快，细嚼细咽。不吃零食，不吃霉烂变质等不洁食物。不喝生水，不吸烟，吃瓜果要洗净。

4. 用眼要坚持"三个一"：即眼离书本一尺，指离笔尖一寸，胸离桌沿一拳。走路、躺着、乘车、过强过亮灯光下切莫长时间看书，作业字别写太小。眼保健操要认真做，长期坚持才有效。

5. 加强体育锻炼，课间操、跑操整队快、齐、静，动作整齐、规范。积极参加各种体育活动，每天保证一小时运动，饭前饭后不做剧烈活动。

6. 学校政教处、"三查组"每天进行检查，对服饰、头饰及个人卫生情况不好的学生进行记录，作为颁发流动红旗的依据。

六、升旗活动规范化要求

1. 全校师生都要参加每周一举行的升旗仪式，做到着装整齐，精神饱满。

2. 每周星期一为学校升旗仪式日，各班按照学校少先大队升旗活动安排的内容，精心准备，认真训练，教育效果好。

3. 各班在听到集合号声后都要快速将队伍带到指定位置，并整理好队伍，做到快、静、齐。

4. 在国旗缓缓升起的过程中，全体师生必须肃立，面向旗台，向国旗行注目礼。

5. 全体师生在音乐教师的统一指挥下，声音洪亮地齐唱国歌。

6. 各班要认真训练主持人、升旗手，做到表达准确，动作规范，升旗熟练，不出差错。

7. 各班要依照学校升旗仪式程序进行升旗，鼓励创新。学校少先大队将对每次升旗活动进行考核、奖励。

七、小学生放学路队规范要求

1. 路队出校门要按先后顺序一个班接一个班依次走出，不准两个班或两个以上的班级同时并列走出，任何同学不得提前出列，更不得跑步冲出校门。

2. 路队出校门后，沿指定路线行走，服从保安、门卫和值周领导的管理。有家长接送的同学要与家长约定接送地点，告诉家长到指定地点等候，不准在学校大门口左右两侧等候孩子，更不准进校园接小孩。

3. 路队长在校外路队上要带好头，走路速度匀速，不时快时慢。要遵守交通规则，走路要尽量靠右边人行横道上行走。要管理好本班路队，指挥全体同学做到不跑、不追、不吵闹、不并排走、不随意掉队、不无故滞留、不边走边看书、不在外面的摊点上购买东西等，做到不说一句废话，走成一条线，一直走到指定点。路队长要带领本路队同学共创文明路队。对违反纪律的同学要及时向班主任汇报。

4. 路队必须队形整齐，秩序井然，吟诵诗词、弟子规、三字经，或唱儿童歌曲等走出校门。对不符合要求的班级值周领导不予放行。

5. 班主任送路队要一直要送到校外或家长接送点，目送学生远去后再回家。

6. 下班的老师要避开放学高峰时段，不要和学生抢着出校门，尤其是骑车和开汽车的教师。

八、班队干部培养、使用、管理规范化要求

1. 严格班干部的选拔标准。所选班干部在同学中要起榜样示范作用，具有一定的感召力和凝聚力；要有较强的组织能力，热心于班级工作；要性格开朗、待人真诚、有宽广的胸怀和忍让精神。

2. 民主选举班干部。要从本班的实际出发，由老师和同学充分讨论后民主选举产生班干部。

3. 实行"轮流制"，让更多的学生得到锻炼的机会。

4. 班主任要认真指导、鼓励班干部工作，明确自身的"参谋长"和"主心骨"地位。要大胆放手，细心扶植，让学生自己管理自己；随时沟通，及时指导，让班干部少走弯路；及时肯定班干部的工作，进行表扬和奖励。

九、"三查组"管理规范化要求

1. "三查组"是学校少先大队组织的对学生路队、卫生、纪律检查的组织。少先大队应严格学校"三查组"干部的选拔标准。所选"三查组"干部在同学中要起榜样示范作用，具有一定的感召力和凝聚力；要有较强的组织能力和责任心，热心于"三查组"的工作；要性格开朗、待人真

诚、有宽广的胸怀和忍让精神。

2. 大队长、副大队长、大队组织委员、大队学习委员、大队宣传委员、大队文娱委员、大队劳动委员及成员要明确各自的职责，做到分工不分家。

3. 根据少先大队部的安排，"三查组"干部每天对各班路队、卫生、纪律进行检查、记录，每周进行统计，检查成绩将作为发放流动红旗的依据。

4. "三查组"干部每天要按时进行检查，认真记录所发现的问题，及时反馈给大队辅导员进行处置。

5. 检查要客观、公平、真实，不打击报复，不徇私舞弊，使检查结果能充分调动各班学生工作的积极性。

十、小喇叭广播管理规范化要求

1. 严格学校小喇叭广播站人员的选拔。要把有较强的组织能力和责任心，热心于小喇叭广播工作的学生选拔到广播室里来。

2. 学校小喇叭广播站设广播站站长1人，副站长若干名，可分为收稿组、编辑组、播音组。各组成员要明确各自的职责，做到分工不分家。

3. 广播站收稿组成员安排3~5人，由二至六年级各中队宣传委员或学习委员组成，主要负责招募、联系广播站通讯员、发布广播站征稿通知、开展征稿宣传活动、收集并整理各类广播稿、各班级广播稿统计、考核。各班要安排广播站通讯员，及时投稿。

4. 广播站编辑组设总编辑1人，编辑2~3人。编辑组主要负责广播稿审查、编辑、约稿及栏目策划和增补。总编辑负责站内重要稿件的撰写和审编、广播站各栏目的总策划，包括栏目的设置、改动和增补，各栏目具体编排工作。

5. 广播站播音组设组长1名，根据学校实际情况和广播站播音需要设

5~7名播音员。广播站每日进行播音，每次播音20分钟左右。播音期间非工作人员一律不许进入播音室，严禁在播音室内打闹和大声喧哗、私自在播音时段外开放广播，并要负责好学校的升旗仪式、眼保健操、广播体操的音乐播放工作。

6. 学校每学年开展一次广播站各组成员的选拔活动，调整充实学校广播站队伍。大队部每学年要安排1~2次广播站小编辑、播音员及通讯员、小记者的岗位培训活动。

7. 不断改革和创新广播站的栏目设置，提高学生对小喇叭广播的关注度。栏目设置要符合少年儿童的身心特点，易被小学生所接受。如：新闻通讯类、科学知识类、文化娱乐类和校园公告类等。要设立听众信箱，收集学生对各栏目提出的改进建议。学校将对小喇叭广播站人员进行择优奖励，并评选优秀通讯员和优秀班级进行奖励。

第二节　班级常规管理的规范化要求

一、学生考勤工作规范化要求

1. 学生必须遵守学校的作息制度，按时到校上课。凡因病、因事不能到校上课者，应办理请假手续；未经请假或请假未获批准而不上课者，作旷课处理。在下课前擅自离开教室者，作早退处理。

2. 学生请假必须凭家长签名的请假条，或电话请假。请病假的还要提交医院证明。请假一天由班主任审批，请假两天以上一周以内由政教处主任审批，请假一周以上由校长审批。

3. 学生每天由班干部在上午和下午进行两次考勤，每周一统计，每月一公布。学期结束时，班主任将学生出勤情况填入报告单，向家长通报。

4. 对旷课的学生由班长及时向班主任报告，班主任应在第一时间通报家长，同时报告政教处主任，并调查了解学生去向。

二、小学生早点规范化要求

1. 提倡家长为孩子制作有营养的早点，做不了早点的家长要让孩子到正规早点铺购买早点，不买校园周边、街头巷尾的"三无"食品。

2. 要仔细查看产品标签。食品标签中必须标注：产品名称、配料表、净含量、厂名、厂址、生产日期、保质期、产品标准号等。不买标签不规范的产品。

3. 学生在班里或在家里吃早点，吃早点时不说话，不把早点弄在地上、桌子上。

4. 学生可以自带饮品，禁止购买和携带零食。

5. 吃早点前要洗手，垃圾要入箱。

三、小学生晨会教育规范化要求

1. 各班每天都要召开晨会教育，引导和帮助班级学生树立安全、文明、礼貌、守纪等良好行为习惯。

2. 晨会内容：对班级近期的安全教育、文明礼貌、卫生、遵守校纪校规等方面情况进行小结，查找问题，提出要求。

3. 晨会形式：谈话式、讨论式、讲座式、观看视频、听录音等。

4. 晨会要让学生充分发言，找出问题，认识问题，改良班风。

四、班级布置的规范化要求

1. 班级布置总体要求：清新素雅，整洁大方，突出特色，注重实用。

2. 班级布置具体要求：

黑板报：一、二年级由班主任及任课教师主办；三、四年级由教师和学生共同主办；五、六年级由学生主办。黑板报可以用粉笔手写，也可以张贴各种绘画、小报等。版面协调，书写工整，图文并茂，板块合理，具有新意，具有实际宣传和教育意义。大标题要醒目美观。

墙壁：必须整洁大方，各种张贴物要美观合理，突出班级特色，具有教育、激励作用。

绿化：教室里的花盆要适量美观，要选择生命力旺盛、单株较小的植物，不可摆放太密。要倡导学生自己养花。

设施：桌椅、柜子摆放整齐，电教设备随时能用，各种张贴物安装牢固，各种设施干净。

教室卫生：保持窗明几净，地面整洁。黑板每天用水洗干净。卫生角不能存留垃圾。设计卫生提示语。

维护：班级布置要经常维护，要落实到人。要经常教育学生热爱班级，爱护班级的每一件物品。

五、眼保健操的规范化要求

1. 各班学生都要认真做眼保健操，保护好自己的视力。

2. 每班培养一名眼保健操指导员，负责本班眼保健操的检查和指导，纠正做操穴位，提高眼保健操的效率。

3. 眼保健操铃响后，学生应立即停止各种学习和活动，在座位上坐好，闭上眼睛。书本的摆放、作业的收取和发放应在做完眼保健操后完成。

4. 眼保健操所在的这节课的任课教师应做好监督和纠正工作。

5. 要认真做眼保健操，做到动作到位，穴位挤按准确，不得睁眼。眼保健操指导员应及时纠正学生的不正确动作。

6. 遵守做眼保健操纪律，做到做操时不讲话，不随意下座位、不打闹。

7. 眼保健操结束后应到室外活动或眺望远方。

六、班会课的规范化要求

1. 班会课的内容可围绕本周国旗下活动的主题进行，还可根据本班实际情况渗透革命传统、爱国主义以及共产主义理想信念教育主题；智力开发主题；心理健康教育主题；学生养成教育主题等。

2. 班会课可采用会议式、漫谈式、表演式、辩论式、竞赛式、游戏式、"庆典"式、访问式等多种形式进行。要把班会课的主动权交给学生。

3. 班会课要做到一课一主题，要区别于晨会课，要通过主题教育，让学生从中受到教育，引起学生情感上的共鸣，促进内化。另外，班会课的形式要活泼，益趣并施。

4. 创新班会课的形式，走出在班里上班会课的思路，到社区、工厂、农户、养殖场、种植园等地方开展调查访问，培养学生的社会适应性和社会实践能力。

5. 要精心设计班会课过程：准备阶段，要让学生围绕主题收集材料，自己准备一些简单的文艺节目等；开会阶段，让学生自己组织、自己讨论、自己表演，表现形式上力求既简单又生动活泼，趣味性和教育性并施；结尾阶段，班主任要发表总结性讲话，强化教育效果。

七、"潜智生"转化工作规范化要求

1. "潜智生"就是我们平时说的"问题学生""下差生"等。每学年第一学期开学初各位班主任在政教处的指导下，建立"潜智生"工作档案。

2. 开展"一对一"帮扶活动。

（1）召开帮扶对象见面会，了解"潜智生"学习、生活、家庭情况。

（2）对"潜智生"指导老师每月家访一次，并做好家访记录。

（3）每学期对"潜智生"进行期中、期末两次考核，并作具体记录。

（4）随时做"潜智生"的转化工作，要有时间、地点、内容及效果的详细记录。

3. 学校每学期组织"潜智生"举办学习班或座谈会1~2次。

4. 学校每学期对"潜智生"转化工作进行检查，对有明显进步或进步很大的"潜智生"要进行鼓励，并对指导教师也进行奖励。

八、班级卫生工具使用与摆放规范化要求

1. 综合楼后设置班级卫生柜，严禁把卫生工具放入教室，卫生工具要整齐、规范地摆放在卫生柜中。

2. 清扫环境卫生的同学做完值日后要及时把卫生工具带回并放在规定位置，切勿丢失。

3. 不能用扫把、垃圾桶、簸箕、鸡毛掸子等卫生工具相互嬉戏、打闹。

4. 要爱护卫生工具，保持清洁和完好，及时淘汰不用的卫生工具。

5. 学生每人带卫生垃圾袋，值日生应及时清理室内垃圾，保持室内卫生干净整洁。

九、学生校外纪律规范化要求

1. 服装要整洁，要做到帽子戴正，纽扣扣好，鞋带系好，书包背好，不赤脚，不穿背心或拖鞋到公共场所。

2. 要孝敬父母，要尊敬师长，对人有礼貌，要主动问好，见到老、弱、病、残、孕主动让座，有事要主动告知父母。

3. 不吸烟、不酗酒，不打架骂人，不偷窃别人的东西，不理怪发型，不穿怪异服装，不看黄色书刊等。

4. 不欺侮同学，不说脏话，主动帮助有困难的人。

5. 要遵守公共秩序，严守国家法令，爱护公物，不乱扔垃圾，不随地大小便，不大声喧哗。

6. 要积极参加社区组织的各种活动和公益劳动，多做好人好事，敢于同一切坏人坏事作斗争。

7. 不对别人评头论足，不给别人起绰号。

8. 珍爱生命，远离危险。要遵守交通规则，不玩水、不玩火、不溜冰，不到有危险的地方玩耍。

十、班务工作手册制定的规范化要求

1. 班主任每学期都要填写《班务工作手册》。

2. 认真准确填写学生基本情况信息，便于联系学生及家长。

3. 班级概况统计要真实，班队干部要通过民主选举产生。要定期或不定期召开班队干部会议，指导学生开展工作，并做好记录。

4. 要精心制定班务工作计划，确立班级奋斗目标、每周教育内容及教育方法。

5. 实事求是记录每周教育计划内容的落实情况和班队会的召开情况，反思教育效果，提出改进措施。

6. 及时进行家访，每学期家访量不应少于班级学生总数的三分之一，并及时记录。

7. 按时召开家长会，对家长到会情况要签到，对会议的内容要事先准备好，并做好记录。对缺席家长要查明原因，通过其他方式与家长沟通。

8. 不断反思班务工作的得失，撰写班级管理随笔，积累班级管理经验。

9. 每学期期末进行班务工作总结，进行交流，并按时上交政教处存档。

十一、学生综合评价手册填写的规范化要求

1. 班主任每学期期末放假都要给学生发放综合评价手册，告知家长学生一学期来的思想、学习等方面的表现。

2. 学生综合评价手册的内容：学生基本信息、告家长书、成绩等级、教师评语、同伴的话、自己的话、家长意见、寒暑假学生综合实践活动要求等。

3. 班主任在素质教育报告单上要准确填写放假、开学的时间。

4. 对学生的成绩按优秀、良好、合格、待合格四个等级评定。

5. 进行多元化评价，让老师、同伴、自己、家长都来评评自己。教师

的评语以激励性为主，家长的意见要能为教师今后工作提供参考。评语要真实、准确、诚恳，要让学生看到自己的长处和不足。

6. 在家长的带领下开展寒暑假学生综合实践活动，要积累活动资料，学校在每学期开学时评选优秀实践活动成果，进行奖励。

7. 每学期对学生"8个好习惯"养成教育实施期中期末两次评价，确定学期评价等级，计入评价报告中。

十二、师生晨午检规范化要求

为增强学校疾病预防与控制力度，提高师生防病意识，保障师生身体健康，防止各类传染病的发生，特制定学校晨午检制度。

（一）对学生的晨午检

1. 学生必须遵守学校的作息制度，按时到校上课。凡因病、因事不能到校上课者，应办理请假手续；未经请假或请假未获批准而不上课者，作旷课处理。

2. 学生请假必须凭家长签名的请假条，或电话请假。请病假的还要提交医院证明。并做好过程跟踪了解，直至学生痊愈。并持医院痊愈证明到学校上课。

3. 学生每天由班主任在早晨、下午上课前进行两次考勤，发现学生没到校或出现病症，第一时间和家长取得联系，弄清学生的去向。如果有病，出现发烧、咳嗽、咽痛等或发生意外，及时送医院救治。

4. 每天晨午检结束后，班主任应及时填写好晨午检记录统计表，做到认真、细致、无遗漏，签字后交政教处，由政教处信息员进行统计汇总，报学校。

5. 对要出校门的学生实行出门卡签发制度，没有班主任签发的出门卡，门房保安不得放学生出门。

6. 学校要为每个班级配备测温仪，经常进行学生体温监测，做到早发现，早救治。

（二）对教职工的晨午检

1. 有年级组长负责教师的晨午检，分管校长负责中层以上领导的晨午检，总务主任负责工勤人员的晨午检。

2. 教职工晨午检工作应在每天早上第一节课前完成。

3. 教职工应积极主动配合协助部门检查人的晨午检工作，出现发烧、咳嗽、咽痛等流感症状或其他不明症状时，不能进课堂，并立即报告负责人，尽快到医院诊断治疗。

4. 教职工在校外因病不能到校时，应及时请假，并尽快到医院诊断治疗。

5. 对生病请假的教职工要问明病情及去向，如实登记到晨午检统计表上，并做好过程跟踪了解，直至痊愈。

6. 教职工晨午检记录表由负责人反馈信息报表人，进行统计，及时上报学校，重要疫情及时上报上级教育、卫生部门。

十三、学生服饰规范化要求

1. 学生必须穿干净校服、佩戴整洁的红领巾上学，不得穿奇装异服入校；

2. 不到太脏的地方玩耍，发现有脏的地方，及时按要求清洗；

3. 禁止用校服、红领巾抹桌子等，每天擦拭桌凳，戴好护袖，保持袖口干净；

4. 回家后及时换下校服，摘下红领巾，以免弄脏；

5. 校服破了旧了，要及时更换新校服；

6. 学生理标准发型上学（男生小平头、女生马尾辫），不得烫发、染发、卷发、修眉、理奇异发型、佩戴头饰、项链、戒指、耳环、涂抹指甲油等。

第三节　学校常规管理的规范化要求

一、学校集会的规范化要求

1. 在听到集结号令后，所有同学都要迅速集合，秩序井然，并按指定的路线行进，按指定的位置就座或站立，做到快、静、齐。

2. 所有同学都要着校服，都要参加集会，不无故缺席，不带与集会无关的东西进场。

3. 所有教师都要参加集会，班主任站于班级队伍后面，任课教师站于学校统一安排的位置。学校集会有体育教师负责组织。

4. 开会时，要保持安静，精神集中，认真聆听，做到不谈笑，不打闹，不吃零食，不丢纸屑等。会议过程中不随意进出，适时适度鼓掌致意。会议期间若要离开座位，必须经过班主任同意。

5. 学生上台发言要向场内老师、同学行队礼，发言结束后要道谢，接受奖励要向颁奖老师行队礼。

6. 散会时，各班应按指定顺序列队依次出场，不得拥挤，不得大声喧哗，自觉主动清理场内留下的废纸、杂物等。

7. 各班集会情况由政教处、"三查"组进行检查评分，并归入班级量化考核评比中。

二、学生爱护花草树木及教学设施的规范化要求

1. 不要乱砍乱折、乱刻乱画，随意爬树，伤害树木。不损坏鸟巢，不伤害树上的小鸟。

2. 不随意进入花池摘花、折枝，不伤害花草间的昆虫。

3. 不践踏草地，不在草地上追逐打闹，不在草地上大小便、乱扔垃圾。

4. 积极参与设计警示牌、制作鸟巢、进行养殖等活动，为保护花草树

木尽自己的力量。

5. 不在学校墙壁、地面、展板、楼梯等处乱画、乱划、乱涂，更不能将脏东西弄脏墙壁、扶手、桌凳等，不信手搬弄龙头、电闸、水管、扶手、水井盖、电脑等，保护设施的正常运转。

6. 每位学生要爱护学校的教学设施，发现问题，要及时告知学校。

三、学生卫生间管理使用规范化要求

1. 如厕时不说脏话，不拥挤，不推搡，防止滑倒摔伤；

2. 小便入池，大便入坑，手纸入篓；

3. 大小便之后及时用水冲洗，还要把手洗干净；

4. 不在卫生间墙壁上乱画乱涂乱写，弄脏墙壁；

5. 爱护卫生间公共设施，不随意搬弄和损坏；

6. 不要将容易堵塞便池的东西扔进便池；

7. 认真值日，经常消毒，保持卫生间干净、整洁；

8. 主动捡拾垃圾，发现卫生间水管破裂、水龙头流水、下水管堵塞等及时告知学校。

四、学生水房、水池使用管理规范化要求

1. 学校设置水房、水池供班级学生打扫卫生、洗手等用，水房、水池由学生或学校工勤人员管理。

2. 按时供水，为学生清理卫生提供方便。早上供水时间为 7:20—8:00，下午供水时间为 2:20—3:00

3. 水房门要及时上锁，保证用水安全。

4. 水房管理人员要经常检查供水设备、水房内的电路及电气设备，发现问题要及时向后勤反映。

5. 总务人员要定期检查水房设施的安全，及时解决他人和自己发现的

问题，采取措施，确保安全用水。

6. 要节约用水，要及时将污水倒入下水池，保持好水房、水池的洁净。

7. 学生喝开水可以到老师的办公室里接，禁止学生进入开水房接水，以免发生烫伤事故。

五、学校文化阵地管理使用规范化要求

1. 在文化设施旁设警示标语，提醒学生文明使用。

2. 平时要教育学生爱护校园公物，不损坏、不弄脏校园文化设施。

3. 学校的文化设施要设专人负责管理，保证文化设施的完整。

4. 各种文化设施要张贴规范，摆放有序，各种记录翔实完整、存放规范。

5. 学校要创新建设文化阵地，内容丰富，形式活泼多样，体现学生个性发展。

6. 全体师生都应积极关注学校的文化建设，学习思考，从中学到有用的东西。

六、小学生勤俭节约规范化要求

1. 要节约用水，防止水污染。

（1）水龙头随用随关，避免长流水；

（2）对水龙头进行及时检修，避免因设备损坏引起的水源浪费；

（3）一水多用，用洗衣服的水冲厕所；用洗脸水浇花等。

2. 要节约用纸，保护森林资源。

3. 要节约每一粒粮食，吃多少买多少，养成勤俭节约的好习惯。

4. 减少使用一次性用品。如尽量用手绢代替纸巾，用瓷杯、玻璃杯代替纸杯和塑料杯，用自动铅笔代替木杆铅笔等。

5. 一物多用，重复利用，减少日用品浪费。

6. 分类回收学校垃圾，变废为宝，增加班费收入。

七、任课教师德育工作规范化要求

1. 上课开始师生要互相问好。

2. 上课教师要清查学生人数，如有缺课学生要查明缺课原因。遇到不明情况时要及时告知班主任，并要求班主任与家长取得联系。

3. 每节课要挖掘教材中的德育内容，对学生进行教育。并在备写教案时要有情感态度价值观目标。

4. 敢于管理课堂纪律，对课堂违纪学生进行记录，课后对违纪学生进行批评教育，并反馈班主任。

5. 下课师生要主动说再见。

八、家长会召开规范化要求

（一）对班主任的要求

1. 各班必须一学期召开一次家长会，在期中进行。

2. 班主任在家长会上要向家长汇报半学期来学生在校的学习、行为、思想等情况。

3. 及时做好家长会签到，对没有参加家长会的家长会后要进行补课。

4. 各班教师讲话时，力求措辞婉转，以鼓励性的语言为主，以建设性的意见和要求为主基调与家长展开对话交流。

5. 要不断创新家长会的内容和形式，提高家长会的质量。

（二）对安全工作要求

1. 通报学校作息时间。

2. 家长接送要求。

3. 配合学校抓好孩子的行为规范、交通安全和自我保护教育。

（三）对家长的要求

1. 督促孩子主动完成作业，做到书写清楚，态度认真。

2. 引导孩子多读课外书。

3. 积极参加兴趣活动。

4. 做好安全教育，如个别同学早上很早到校，放学不能按时回家，请家长配合教育。不要给孩子太多的零钱等。

5. 严禁孩子打电子游戏、上网、控制看电视时间，做好防近工作。

6. 教育孩子加强身体锻炼，参加家务劳动。

九、德育活动开展规范化要求

1. 政教处在德育活动开展前要制定翔实的活动计划，并组织相关人员学习安排，指导开展好德育活动。

2. 要牢固树立安全第一的思想，周到考虑安全因素，制定好应对措施。

3. 各班主任要严格按照德育活动安排的时间、要求、地点等组织学生参加活动。不得缺席、推诿。

4. 要精心准备每一项德育活动，重视活动质量。对每次活动进行总结或奖励，并将活动情况作为考核班级、教师的依据。

5. 班主任要负责做好参加德育活动学生的安全教育和安全管理工作。

6. 注意活动资料的收集整理，及时在报刊、信息网等上传达活动信息。

十、班主任工作考核规范化要求

(一)考核内容及扣分标准

考核内容分九个模块进行：即班级卫生工作、学生安全纪律、放学路队、眼保健操、课间操、大课间活动、学生仪容仪表、班主任自身建设、附加分。每个模块设计评分标准，共计100分。

1. 班级卫生工作（20分）

（1）每天政教处对各班内外卫生早上7:30，中午2:20检查两次。一次没有清扫干净彻底扣1分。并请班主任到现场组织学生继续清扫干净为止。如若拒不继续清扫的一次扣5分。

（2）课间抽查环境区域或室内卫生，保持不干净发现一次扣1分。查出哪个班的学生扔的垃圾就扣扔垃圾学生所在班级1分。

（3）没有在规定时间内完成卫生清扫的班级扣1分。

（4）大扫除不清洁的班级每次扣2分。

（5）买零食，带零食，吃零食，发现一人一次扣0.5分。

（6）随地大小便发现一人一次扣2分。

2. 安全纪律（20分）

（1）学生在校内外发生打架事件，经调查后负主要责任的一方所在班级扣1分。

（2）学生语言不文明一次扣0.5分。

（3）哪个班级发生安全事故反映到校领导的一次扣1分；反映到教育局的一次扣3分。发生特别重大安全事故的，给学校造成恶劣影响的一次扣20分，并本年度不得评定职称和评优选模。

（4）出勤：学生坚持出满勤，无迟到、早退现象。每人次，扣0.5分。

（5）进出校门，必须由大门进出，爬围墙、铁门等一人一次扣2分。校内跳窗一次扣1分。

（6）严禁乱拿和盗窃他人财物，违者除退还、教育外，每人次扣3分。

（7）有敲诈行为被证实的一次扣3分，受害者不扣分。

（8）课间活动有序文明。上、下楼梯靠右行，做到慢步轻声。不攀爬楼梯，不在校园内疯追狂跑，违者一人次扣1分。

（9）爱护公物。有损坏公物现象发现一次扣2分。

3. 路队（20分）

（1）放学路队要做到整齐，横排竖排要对齐。出校门后按学校规定分三路继续排好放学路队，走到规定地点方可解散路队。一次不整齐扣1分，凡被门口值周领导扣留的班级一次扣2分。

（2）班主任要护送学生到指定位置，不随便离队；班主任不跟路队一次扣 1 分。

（3）按时间离校，不得有学生在校逗留，违者每人次扣 0.5 分。

4. 眼保健操（5 分）

要求做到姿势正确，不做其他事，不说话，不睁眼，按节奏正确规范做操。不按要求做，每人次扣 0.5 分。

5. 课间操（10 分）

（1）上、下楼梯自觉按顺序排队走，并做到"慢步轻声"；

（2）做操认真，动作规范，不打闹；

（3）上操做到快、静、齐，无迟到和未到现象；结束后要有组织、有秩序带回。违者每次扣 1 分。班主任不跟操每次扣 1 分。

6. 大课间活动（5 分）

积极组织学生参加学校组织的大课间活动和各种体育比赛活动，做到组织文明规范，纪律严明。一次不参加扣 5 分，组织不符合要求扣 1 分。

7. 仪容仪表（10 分）

不按要求穿校服校门口检查一人次扣 0.1 分；不佩戴红领巾的发现一人次扣 0.1 分；服饰不干净、不规范的发现一人次扣 0.1 分。

8. 班主任自身建设（10 分）

（1）班主任工作计划（2 分）：及时按要求制定给 2 分，未按时完成扣 1 分。未制定不得分。

（2）班主任工作手册（4 分）：按要求认真填写班主任工作手册，填写规范认真，字迹工整。符合填写进度，每月最后一周检查。不符合进度每次扣 1 分

（3）班主任工作总结（2 分）：每学期上交一份班主任工作总结，学期结束前一周上交政教处，未按时交的扣 1 分，无总结扣 2 分。

（4）凡是政教处收交的其他教育资料，不按规定时间交一次扣 1 分。不交者一次扣 2 分。

（5）积极参加学校组织的班主任工作会议、班主任经验交流等活动。无故缺席一次扣1分。按要求召开班队会，一次不召开扣2分。

9. 附加分

（1）承担一次校级德育活动为班级加2分；承担一次教育局级的德育活动一次加4分。

（2）教育学生爱护校园环境主动捡拾垃圾，发现一人次给所在班级加1分。

（3）获得一次流动红旗为班级加2分；大扫除清洁最干净的班级加2分。获校级优秀班级一次加3分；教育局及一次加5分。

（4）参加教育局级的竞赛活动上交一份作品加0.5分；获得一、二、三等奖分别每人次加2分、1分、0.5分。参加自治区级的竞赛活动在教育局级的基础上各加1分。

（5）凡参加学校组织的大型活动，按年段评比。设一、二、三等奖。（一等奖加5分；二等奖加3分；三等奖加2分）；教育局级参赛获奖每人次加2分(含文体竞赛)。

（6）如果学生所作的好人好事，在学校中有一定影响，得到学校认可，班主任提供书面证明材料，每人次给班级加3分。学生做好人好事受到社会相关组织的表彰，加5分。

（7）检举揭发不良现象，经核实（如偷窃、敲诈勒索、损坏公物、不讲卫生等）每次给班级加3分。

（二）考核及奖励办法

1. 考核由政教处负责，实行日查、周量化、月考核、学期总考核相结合的办法，逐月统计汇总。考核要认真及时，要公开公正，要整理好考核资料，供教师查阅，做到不偏不倚，不打感情分，班主任能认可。

2. 考核实行百分制和附加分制（即每个班级管理总分为100分，出现问题的地方扣分，扣完为止，优秀的地方加分）。

3. 值周领导、门卫、常规工作检查领导、德育工作的领导、班主任、任课教师、"三查"组的学生干部等，都要做好学生的德育工作，发现问题，及时记录，及时教育，为考核提供依据。

4. 考核结果作为班主任月绩效津贴发放的依据。依据考核得分从高分到低分进行排序，分为优秀、良好、合格三个等级，优秀班主任占班主任总数的30%，良好班主任占班主任总数的40%，合格班主任占班主任总数的30%。

5. 考核结果将作为年度优秀公务员考核的依据。依据每月考核成绩，综合评定年度考核情况，推荐考核优秀的班主任参加年度优秀公务员评选。

6. 考核结果将作为评选优秀班级、优秀班主任的依据。依据每月考核成绩，综合评定班级考核情况，推荐优秀班级的评选，优秀班级的班主任参加优秀班主任的评选。

7. 考核结果将作为教师评聘职称的依据。依据每月考核成绩，综合评定教师的工作情况，在评聘职称中将此列为重要的项目，进行考核。

十一、学生大课间活动规范化要求

1. 全体学生要积极参加大课间活动。不准缺席，有事要向班主任老师请假。班主任、跟班教师随同学生一起活动。

2. 学生要严格遵守活动要求，保证活动安全。做到快、静、齐。动作整齐、精神饱满。

3. 学校每学期要制定大课间活动安排表，指导教师要提前准备大课间活动所需器材。

十二、教师跟班、跟操规范化要求

1. 除班主任外所有任课教师都要安排跟班、跟操；

2. 每班至少安排一名跟班、跟操教师，尽量安排本年级或本班的任课

教师;

3. 剩余教师还要安排带操喊操人员、各楼梯口安全执勤人员;

4. 班主任及跟班、跟操教师要按时到位,尤其是集会、组织活动、大课间等跟班、跟操教师要协助班主任组织好学生;

5. 各包年级领导负责考核本年级教师跟班、跟操、执勤情况,学校每学期进行奖励。

十三、家长志愿执勤服务管理规范化要求

1. 在家长自愿的情况下,参加学校家长志愿执勤服务活动;

2. 家长志愿执勤服务活动由学校协调,每班一周,由班主任和班级家委会具体安排志愿执勤服务的家长;

3. 家长志愿执勤时,须在家委会的带领下,进行签到,并安排到相应的执勤点执勤;

4. 家长志愿执勤时,须穿志愿服务服装,手执志愿服务服旗进行执勤;

5. 家长志愿执勤时,要认真负责,不看手机,不擅自离岗,护送学生过马路,维持学生上学、放学路途秩序,保障学生安全;

6. 每班志愿执勤服务结束后,要进行宣传,学校对表现突出的家长进行奖励。

十四、学生"素养币"使用管理规范化要求

为进一步提升学生综合素养,创新学生评价管理,落实学生"8个好习惯"养成教育,充分调动学生的积极性,解决好学生行为习惯反复性的问题,实现教育、评价、激励一体化,促进学生良好行为习惯的养成。特制定该规范化要求。

1. 行为习惯奖励要求:学生拾金不昧、助人为乐等行为表现,根据程度奖励"素养币"1~10分,表现特别突出的可提高奖励额度。

2. 课堂学习奖励要求：学生课堂回答、实验、纪律等表现突出，每次奖励1~2分"素养币"。

3. 作业书写奖励要求：作业外观、书写等干净整洁规范，提前完成，正确率高等，每次奖励1~2分"素养币"。

4. 考试优秀的学生奖励要求：平时测试成绩优秀学生奖励不得高于5分；期中测试成绩优秀学生奖励不得高于10分；期末考试成绩优秀学生奖励不得高于20分。

5. 体育竞技奖励要求：获得市县级以上级别团体一等奖每生奖励"素养币"50分，获得团体二等奖每生奖励"素养币"30分，获得团体三等奖及三等奖以下每生奖励"素养币"1分。特殊贡献学生单独进行奖励50~100分"素养币"。获得学校团体一等奖每生奖励"素养币"15分，获得团体二等奖每生奖励"素养币"10分，获得团体三等奖及三等奖以下每生奖励"素养币"5分。

6. 音乐比赛奖励要求：参加舞蹈、合唱、器乐等比赛。获得市县级以上级别团体一等奖每生奖励"素养币"50分；获得团体二等奖每生奖励"素养币"30分；获得团体三等奖及三等奖以下每生奖励"素养币"10分。特殊贡献学生单独进行奖励50~100分"素养币"。获得学校团体一等奖每生奖励"素养币"15分，获得团体二等奖每生奖励"素养币"10分，获得团体三等奖及三等奖以下每生奖励"素养币"5分。

7. 个人竞技奖励要求：参加书法、绘画、征文、小报、演讲等比赛活动。获得市县级以上个人一等奖奖励"素养币"50分；二等奖奖励"素养币"30分；三等奖奖励"素养币"10分。获得学校一等奖每生奖励"素养币"15分，获得二等奖每生奖励"素养币"10分，获得三等奖及三等奖以下每生奖励"素养币"5分。

8. 家长执勤奖励要求：每周评选2~5位优秀执勤家长，每人奖励20分"素养币"。此"素养币"家长可以转给自己的孩子。

9. "素养币"积分拍卖活动要求：每学期在期末期间开展一次"素养币"积分拍卖活动。学校提供奖品，明码标价，以年级或班级进行拍卖。拍卖出来的"素养币"由政教处收回管理。

10. 素养商城兑换奖品要求：

（1）学校现开设一、二年级，三、四年级，五、六年级三个素养商城。每个年级素养商城每周只开放一天，周三对一、三、五年级开放，周五对二、四、六年级开放。

（2）素养商城由学校政教处管理，由年级组长、少先队干部负责兑换。

（3）各年级学生必须用自己获得的"素养币"，到自己年级的素养商城兑换相应的奖品。

（4）各年级的"素养币"不得混用，素养商城兑换出来的"素养币"由政教处收回管理。

11. "素养币"使用、奖励工作要求：

（1）学校领导、班主任、各任课教师负责对学生进行"素养币"的奖励；

（2）奖励遵循客观公正，实事求是的原则，不徇私情，不无原则奖励；

（3）准确把握奖励额度，以充分调动学生的积极性为主，既不降低标准奖励，也不提高标准奖励，严格按照该办法执行；

（4）学生通过不正当渠道获取的"素养币"不参加奖品拍卖和兑换，由政教处收回处理。

十五、素养商城管理规范化要求

1. 各年级学生必须用自己获得的"素养币"，并到自己年级的素养商城兑换相应的奖品。

2. 学校开设一、二年级，三、四年级，五、六年级三个素养商城。每个年级素养商城每周只开放一天，周三对一、三、五年级开放，周五对

二、四、六年级开放。

3. 各年级的"素养币"不得混用，素养商城兑换出来的"素养币"由政教处收回管理。

4. 素养商城的奖品由学校提供，并明码标价。

5. 素养商城由学校政教处管理，由年级组长、少先队干部负责兑换。

6. 学校禁止学生之间敲诈勒索、买卖转借"素养币"等不正当行为。

十六、室外图书开架借阅管理规范化要求

为丰富学生课余生活，充分发挥学校图书作用，扩大学生课外阅读量，提高学生阅读能力和课外知识水平，特制定学校图书开架借阅规范化要求。

1. 学生在借阅图书时，需填写好借阅登记表。

2. 学生归还图书时要按照编号放置到原位。

3. 班级整体借阅图书，由中队长统一填写借阅登记表，归还时仍然以班级整体归还。

4. 每周每个图书开架借阅处固定开放一天，即周二借书，下周二还书，临时借阅的学生可到图书开架借阅管理员处登记借阅。

5. 学校共设置六个室外图书开架借阅处，由学校政教处管理，由高年级少先队干部负责借阅，每个图书开架借阅处管理员为两人。

6. 学校倡导诚信借阅，实行严格的登记、借阅、归还制度，到期不还，或丢失损坏，或随意拿走等，将等价赔偿，并追究班级责任。

7. 每周每位学生必须阅读一本课外书，并填写阅读记录卡上交政教处。

8. 对阅读好的班级、学生，学校将进行表彰奖励。

十七、学校舞台、升旗台使用管理规范化要求

为加强学校舞台、升旗台管理，保障学校舞台、升旗台的正常使用，

发挥学校舞台、升旗台的功能，特制定该要求。

1. 学校舞台、升旗台是学校组织开展德育、教学、艺术等教育教学的场所，每个人都应该爱护舞台和升旗台；

2. 学校舞台、升旗台由所在的环境区域的班级及学校工勤人员负责管理、清扫和定期消毒；

3. 学校舞台升旗台由学校总务处负责维护维修，保证设施设备的正常运转；

4. 使用学校舞台、升旗台组织开展活动，不能影响正常的教育教学秩序；

5. 除学校组织活动使用舞台、升旗台外，学生课间活动禁止到舞台、升旗台上玩耍，以防造成安全事故；

6. 政教处对学校舞台、升旗台实施管理，加强监督检查，提高舞台、升旗台的管理实效。

十八、"五项管理"规范化要求

1. 手机管理：小学生原则上不能将手机带入学校，确有需要将个人手机、电话手表等带入校园的，家长需书面向学校申请，经同意后学生方可带入。学校设置保管柜统一代为保管，学生需要时提供使用。同时，学校设立公用电话为学生联系家长提供免费服务。

2. 作业管理：严格执行一、二年级不布置书面家庭作业，在校内实施四点半课堂，延时服务辅导学生完成作业；三至六年级家庭作业完成时间不超过60分钟。周末、寒暑假、法定节假日也要控制书面作业时间总量。严禁给家长布置或变相布置作业，不得要求家长批阅或者检查作业，不得要求家长用手机等APP上传作业。不得要求学生自批自改作业。三至六年级各班级设置每天家庭作业清单，班主任承担班级各科作业总量统筹协调，包年级领导进行审核工作，确保每天各科作业总量不得超过60分钟。

3. 睡眠管理：小学生每天睡眠时间保证 10 小时，晚 9:20 休息，早 7:00 起床，7:50 开始入校进行晨检，8:20 正式上课，中午 11:50 放学，下午14:30 入校午检（保证午休时间 1 小时）。凡是参加课外培训的学生晚8:30 之前结束，不得额外增加作业时间。任何老师不得随意增加作业量，影响学生睡眠时间。

4. 读物管理：把阅读作为学校重要的教育教学内容，参照教育部发布的《中小学生阅读指导目录》，为学生量身定做适合的成长书单，并鼓励教师将经典多引入课堂，作为教育教学素材，引导青少年学生养成良好的阅读习惯。学校及任课教师根据《中小学生课外读物进校园管理办法》为学生推荐适合的成长书单，指导学生阅读健康有益的课外读物。班主任作为学生日常阅读读物推荐直接责任人，按照阅读要求推荐规范的读物并做好记录，年级组长每周进行一次抽查或者普查，确保本年级组学生读物符合要求。

5. 体质管理：学校严格落实国家规定的体育与健康课程刚性要求，小学一至二年级每周 4 课时，三至六年级每周 3 课时，确保不以任何理由挤占体育与健康课程和学生校园体育活动，实行每天体育运动补偿制度，确保每天体育锻炼 1 小时，落实周五延时体育活动，每天安排上、下午各做一次眼保健操和大课间活动。充分发挥运动在增强体质、促进健康、预防肥胖与近视、锤炼意志、健全人格等方面的重要作用，提高学生体育与健康素养，增强体质健康管理的意识和能力。

第四节 小学生学习行为的规范化要求

一、小学生预习的规范化要求

（一）语文学科的预习要求

1. 低年级的预习要求：①用横线或圆圈勾画文章的生字、词语；②在书上为生字注音，扩词（2~4个）；③标出自然段的序号，通读课文三遍以上。

2. 中年级的预习要求除了选用低年级预习要求外，还有两条：①通过查阅工具书，理解部分生词意思，积累好词佳句；②把你读懂或不懂的地方做上记号。

3. 高年级的预习要求除了选用低年级预习要求外，还有两条：①思考课后问题，做适当批注，知道课文主要讲什么；②能结合课文收集、查找相关资料。

（二）数学学科的预习要求

1. 低段采用各种方式激发学生自觉、主动预习的愿望，提示学生准备好第二天学习要用的学具。

2. 中段通过看例题，在自己不懂的地方作上记号，尝试做。

3. 高段自学例题后，尝试做一做课后练习。

（三）英语学科的预习要求

1. 中年级利用好与教材配套的学生用磁带，先听磁带中的范读，然后跟着录音磁带试读课文，把自己没听清楚的地方用笔勾画出来。

2. 高年级浏览课文和单词，对照单词的中文意思理解课文主要内容，勾出不能理解的地方；听录音跟读数遍。

二、小学生上课的规范要求

1. 按时上课，不迟到、不早退、不旷课。上课迟到，要在门外敲门，得到老师同意后，方可进入教室；特殊情况必须离开教室时，须得到教师允许后，方可离开。

2. 上课要保持安静，精力要集中。坐姿、站姿端正，不趴在课桌上，不跷二郎腿。认真听讲，做到眼到、耳到、手到、心到。服从老师和班干部的管理，文明上课，不做与上课无关的事情。尊重老师的劳动，不顶撞老师，有情况向老师说明。上室外体育课时，未经教师允许不得回到楼内或教室。

3. 专心听课，要努力听懂老师讲授的内容，大胆质疑，不懂就问，主动向老师或同学请教，不留知识盲点，养成记笔记的好习惯。

4. 积极思考、回答问题，说普通话，声音洪亮，让全体学生都能听到；要认真倾听别人发言，自觉反思自己掌握情况。积极参与课堂讨论，敢于发表见解，不趁机起哄。

5. 严格操作实验，认真观察老师的演示实验，注意老师提示的实验要点、动作要领等。进入实验室，要遵守规章制度，注意安全，认真观察实验结果，写好实验报告。穿鞋套进入微机室，遵守操作规程，爱护机器设备，作好上机记录。

6. 认真审题，用心练习，提高质量。不会做的题要请教老师或与同学讨论，不得抄袭。字迹工整，格式规范。学会使用工具书和相关的参考书。老师批改后要认真阅读，更正错误。

7. 自觉上自习课，形成有老师和没老师都自觉学习的意识。学会合理分配自习时间进行复习和预习，按时完成作业。

三、小学生课外借阅规范化要求

1. 班级要建立图书角，设置图书柜，制定相应的借阅制度。班主任要安排班级图书管理员负责学生借阅工作。

2. 班级图书管理员每周到学校图书室给班级同学集体借书，放入图书柜中。学生在班级图书管理员处借阅图书，并进行登记。

3. 学生要按时归还所借图书，并在班级图书管理员处进行登记注销。

4. 学生对借阅的图书要珍惜爱护，妥善保管，破坏、遗失要赔偿。

5. 鼓励亲子阅读，鼓励学生撰写读书笔记，学校、班级要适时开展读书交流活动，推荐优秀书刊，宣讲读书故事。

四、小学生作业及书写的规范化要求

1. 小学生必须认真、独立完成课内外作业，不得抄袭，或让别人代写作业。

2. 教师布置作业的量要适中，课堂作业以当堂完成为宜。一、二年级一般不留家庭作业，三、四年级家庭作业时间不超过30分钟，五、六年级家庭作业时间不超过40分钟，提倡布置综合性家庭作业。

3. 一、二年级用铅笔书写，三年级第二学期开始用钢笔书写，四至六年级用钢笔书写，也可用中性笔书写。

4. 学生写作业姿势要端正，做到"三个一"，即手离笔尖一寸，眼离书本一尺，身离书桌一拳。

5. 各科作业的字迹都要写得正确、端正、整洁、行款整齐。严禁学生在作业本上乱涂乱画、乱撕乱折。作业本要包皮，封面由教师用蓝色或黑色钢笔统一填写班级、姓名。写错的字词要用统一的修改符号修改，不准涂黑，不准使用涂改液和改字纸。

6. 作业格式要规范。

（1）田字格的书写要安排好间架结构，大小适中，各部匀称。书写时，写一个字，空一格，拼音应写在和汉字相对的四线三格内。

（2）作文书写格式：①空四格写题目；②每段开头空两格；③标点符号占一格，破折号、省略号占两格，引号的上引号和下引号各占一格。

（3）作业本（横格本）书写要求：①使用横格本要注意字的上沿离横线要有一定空隙，下沿不要超出横线，字与字之间要有适当的距离，力求行款整齐；②第一行写明日期，第二行写明页数和题目；③每题做完后，空一格再做下一题；④每次做题前要改正上一次的错题，位置要在当次作业后，并注明"订正"字样。

（4）英语练习本书写要求：①无论字母、单词、句子都按英语规范写；②书写字母间隔为2公分左右，约每行4个；③应严格遵照四线三格要

求，正确、规范地书写单词。

五、小学生课前准备的规范化要求

1. 听到上课音乐声，停止一切活动，立刻收起活动器具，快速安全走进教室，不和同学拉扯，或讲话，及时坐回自己的座位上。

2. 及时将本节课要用的学习用具摆放整齐、规范，即书本整齐地摆放在桌子的左上角或右上角，文具盒横放在书本的旁边。在班长的带领下，开展有关的热身运动，如唱歌、背诵、朗读等，等待老师的到来。任何学生不得做与本课内容无关的事情。

3. 在专用教室上课前要准备好去专用教室上课的学习用品、实验材料、动手操作工具等；听到上课音乐声，立刻整队，等待老师来带队，做到不说话、不推搡，听从口令，迅速、安静。整齐。

六、小学生考试的规范化要求

1. 考生凭证入场，对号入座，将准考证放在桌面左上角。

2. 考生必须遵守考试纪律，准时考试，保持安静，认真审题，细心独立答卷，按时交卷。

3. 考生不得偷看和抄袭他人的试卷，不得向他人传递或夹带草稿纸和试卷，不得携带任何参考资料，做到诚信考试。

4. 考生应按照答卷用笔要求答卷，卷面干净、整洁。

5. 考生应准确填写姓名、考号、学校等信息。

6. 考生应正确对待自己的考试成绩，及时查找错误原因，并订正。

7. 考生要及时将考试成绩告知家长。

七、学生光荣榜、训诫台管理规范化要求

1. 学生光荣榜、训诫台是落实学校规章制度，加强学生行为习惯教育

的重要手段。

2. 每天对违反学校管理制度的学生在训诫台上进行记录，对做好人好事的学生在光荣榜上进行记录。

3. 政教处每天对上光荣榜、训诫台的学生反馈给班级，班主任及时提醒学生要遵守校纪校规，批评教育上训诫台的学生。

4. 政教处每周进行总结，对上光荣榜、训诫台的学生进行奖励或处罚，奖励或扣除班级相应的考核分，并对上训诫台的学生开具处罚单，完成相应的处罚任务。

5. 光荣榜、训诫台记录情况将作为政教处考核班级管理工作的重要依据。

第五节　小学生安全教育的规范化要求

一、小学生乘车安全规范化要求

1. 步行前往乘车站点时，要在人行道内行走，道路没有设置人行道的，要在道路两侧靠边行走。

2. 不要扒车、追车、强行拦车和抛物击车。

3. 在汽车站点等车时，一定要站在安全线以内等车。同学之间不能嬉戏打闹或追逐猛跑。

4. 车辆进站时，要等车停稳后依次排队上车，要遵守公共秩序，做到先下后上，互相谦让，不要拥挤，不要抢上抢下。

5. 不要在车行道内招呼拦截出租车、公交车等车辆。

6. 不要乘坐超员车辆。

7. 在公交车上要扶老携幼，不抢座位，主动给老人、小孩、病人、残疾人、孕妇等需要帮助的乘客让座。

8. 不要在车内跑动，不要大声喧哗，更不要向车外乱扔纸屑、果皮等垃圾或物品。

9. 在机动车行驶途中，不要将身体任何部位（特别是头和手）伸到车外。

10. 乘坐公共汽车时，如果没有座位，要双手握紧扶手，侧向站立，双脚自然分开。

11. 有座位时，不论前后排座位，只要配备有安全带，都须自觉系上安全带。

12. 乘车过程中不要与司机聊天。遇到突发事件时，不要惊慌，要听从司机或乘务员的指挥。

13. 不要携带易燃品、易爆品、管制刀具等危险品上车。

14. 车辆没有停稳时，不要急于下车。

15. 下车时，要按秩序依次下车，不要拥挤。

16. 下车后需要横穿道路时，应走人行横道（斑马线）、过街天桥或地下通道等过街设施。在有交通信号控制的人行横道，要按信号灯的指示通过；在没有交通信号控制的人行道，要左看右看再左看，确认安全后，直行通过。不要斜穿猛跑，不要在车辆临近时突然横穿，更不要翻越护栏。

二、小学生交通安全规范化要求

1. 在道路上行走，要走人行道，没有人行道的道路，要靠右边马路行走。

2. 在马路上行走不要相互追逐、打闹、嬉戏、东张西望、边走边看书报或做其他事情。

3. 要学会避让机动车辆，不与机动车辆争道抢行。

4. 穿越马路，要遵守交通规则，自觉走人行横道线，认识交通信号灯，做到"红灯停、绿灯行、黄灯闪烁等一等"。

5. 不要翻越道路中央的安全护栏和隔离墩，更不能在马路上滑滑板。

6. 12岁以下少年禁止自驾车，由监护人接送上学。

三、小学生课间活动安全规范化要求

（一）学生课间室外活动的规范化要求

1. 上下课通过过道和楼梯间时，不要拥挤、打闹和做恐吓同学的恶作剧，防止拥挤踩踏事故发生。

2. 课间不要玩耍小刀、仿真枪等会伤及自己和他人的利物或玩具，更不能把管制刀具带入校内。

3. 课间运动不要太剧烈，不要追逐打闹，避免撞伤或摔伤，要做到合理休息，保持课堂精力旺盛。

4. 正确使用体育设施，没有保护措施的情况下不要在健身器材、滑梯等设施上做危险动作，避免摔伤。

5. 不准到施工区域内玩耍。

6. 上厕所不要慌张、拥挤，防止地滑摔伤和发生拥挤踩踏事故。

7. 课间休息活动时不要攀爬楼道、楼梯的扶手，防止扶手受重断裂。

8. 课间同学之间发生纠纷时，要及时报告班主任或任课教师，化解矛盾。

（二）学生课间室内活动的规范化要求

1. 不在教室中追逐、打闹，做剧烈的运动和游戏，防止磕碰受伤。切不可猛然关门，以防伤及他人。

2. 室内行走不要慌张，防止滑倒或绊倒碰伤。

3. 不要将身体探出阳台或者窗外，谨防不慎发生坠楼的危险。

4. 教室的门、窗户在开关时容易扎手，也应当处处小心。

5. 严禁将打火机、火柴等火源带进校园，不准在校园里燃放烟花爆竹。

6.锥、刀、剪等锋利、尖锐的工具，图钉、大头针等文具，用后应妥善存放，尽量不随身携带，不随意放在桌子上、椅子上，以防意外伤害。

四、小学生课间操的规范化要求

（一）对学生课间操的规范化要求

1.广播操铃响后，各班队伍集合完毕，站队要迅速、有序，不拖拉、不断断续续、不打打闹闹，做到"铃响到位，铃停定位"。

2.无特殊原因，全体学生每天都要坚持做操，学生如遇生病等特殊情况应向班主任请假。

3.体育教师整队时注意力集中，动作迅速，做操过程中要及时调整好队形。

4.做操要精神饱满，动作规范、有力，追求整齐划一、姿态优美，要体现出青少年学生的蓬勃朝气和昂扬向上的精神面貌，要保证做操的效果，要达到做操的目的，不能让做操流于形式。

5.退场也要有序、不拥挤、不推搡、不抢道。回教室时队列行进以班为单位，步伐整齐有力，纵队要直，转弯时队伍呈直角前进，上楼时走右侧。

6.进教室后，迅速稳定情绪，做好上课准备。

（二）对教师的规范化要求

1.班主任提前到场，跟班教师也要及时到场，维持学生上操纪律。

2.班主任应该站在本班队伍的前面，跟班教师站本班队伍的后面。

3.做操过程中提醒学生动作到位，队伍整齐，发现学生有错误动作，要当场纠正。

五、学生上学、放学的安全规范化要求

（一）学生上学规范化要求

1.上学要严格执行学校的作息时间要求，做到不提前到校、不迟到。

2. 上学途中要遵守交通规则，主动避让行驶车辆，做到不追逐玩耍、不乱跑乱窜、不随意逗留围观、不翻越路边护栏、不骑飞车、不骑车带人。

3. 过马路时，要遵守交通秩序，不反向行驶，做到红灯停、绿灯行。

4. 乘车上学时，不得在车中让头、手伸出窗外。

5. 上学时，不得乘坐超载超速车辆，不得乘坐无营运资质的车辆。

6. 上学时，要时刻保持警惕。同学之间要结对行走，发现有不安全因素或可疑人员时，要保持冷静，不莽撞蛮干，努力保障自身的安全。

7. 遇有大风、暴雨、大雾等恶劣天气时，低年级学生要由家长接送或步行到校。其他学生上学时，要特别注意安全防范，防止雷击、滑倒或发生其他交通意外。

8. 家长送孩子上学时，学生要提醒家长遵守交通规则，做到不闯红灯、不酒后驾车、不超速行驶、不反向行驶、不强行超车。途经十字路口时，要提醒家长减慢车速，确定安全后，方可经过。

9. 班主任要及时清点学生人数，上课时对没有到校的学生要及时与家长联系。

10. 不满 12 周岁的学生不得骑自行车上学。

（二）学生放学规范化要求

1. 放学铃声响过之后，小学生要迅速到教室外整队。集合时，要做到"快、静、齐"，不得打闹嬉戏，不得前推后拥。下楼梯时，要靠右行走，不得起哄或推搡。

排队时，确保不拖延，不大声喧哗，不影响其他班级，要安静有序地离开教室。

2. 路队之间要保持一定距离，每班要明确一至两名学生负责带队。带队学生要负责清点人数，发现有同学缺少时，要及时向老师报告。

3. 路队由老师带出校门到指定位置，交由学生家长带回或学生自行回家。

4. 回家时，必须严格遵守交通规则，及时回家，不得在校门口或路上滞留玩耍，更不能在昏暗、偏僻路上单独行走。

六、学生参加活动规范化要求

（一）参加校内各项活动的规范化要求

1. 学生要按时整队进入集会场地，并按指定位置迅速就座。

2. 遵守会场纪律，坐姿端正，认真听讲。

3. 散会依次离场，不争先恐后。

4. 提倡参加活动后写日记或体会等。

5. 参加体育活动时：

（1）上衣、裤子口袋里不要装钥匙、小刀等坚硬、尖锐锋利的物品；

（2）不要佩戴各种金属的或玻璃的装饰物；

（3）头上不要戴各种发卡；

（4）患有近视眼的同学，小心戴眼镜；

（5）不要穿塑料底的鞋或皮鞋；

（6）衣服要宽松合体，最好穿着运动服。

（二）参加校外集体活动规范化要求

1. 组织学生参加校外集体活动时，一定要周密计划，严格组织，有教师带队。

2. 活动中如需使用交通工具，必须符合安全要求，不得乘坐没有驾驶执照的人员驾驶的车、船。

3. 参加校外集体活动的场所、建筑物和各项设施必须坚固安全。

4. 参加社会实践活动，要遵守活动纪律，听从老师或有关管理人员的指挥，统一行动，不各行其是。

5. 参加社会实践活动，要认真听取有关活动的注意事项，不懂的地方要询问清楚。

七、学生心理健康教育规范化要求

1. 学校要建立学生心理健康咨询室，建立学生心理健康教育档案，安排专兼职教师负责此项工作。

2. 学校每学期要安排 1~2 次心理健康教育活动，开设心理健康教育课程，对学生进行心理健康疏导。

3. 教师、家长都要掌握心理健康教育的技巧，平时要敏锐地观察学生的心理动态，发现问题，及时进行疏导。

4. 建立心灵对话本、心灵信箱等，让学生把自己内心的真实想法写到心灵对话本上，或投入心灵信箱中，老师定期查看，以便帮助学生调整好心理。

5. 要经常开展心理咨询活动。老师、家长要和学生交朋友，经常与学生促膝谈心，通过咨询、倾吐和宣泄，释放学生心理压力，解决心理困惑和矛盾。

6. 用理想教育树立信心，增强学生的抗挫折能力。学生在成长中会遇到各种挫折，要及时告诫学生，树立远大的理想，要现实理想需要付出艰苦的努力和汗水。

7. 用爱心感化学生，促使学生心理健康发展。

8. 营造优美的校园育人环境，使学生受到了美的熏陶和道德的感染，在愉悦中受到教育，自觉地形成一种积极向上的心态。

9. 改变评价方式。对待每个学生都应一视同仁，不能挖苦、讽刺学生，学会赞美，让学生能不断地从中得到鼓励。

八、小学生防溺水安全工作规范化要求

1. 学生不得私自下水游泳，如需游泳必须在监护人看护下进行。

2. 不到设置有"禁止下水（游泳）"标志的水域游泳。

3. 不随便到野外水域游玩。

4. 不要去河道挖沙坑地带、水库主干渠、不熟悉水域以及深水区、冷水区、污染水域游泳。

5. 不要在危险地段推拉玩闹、清洗衣物、打捞物品等。

6. 不要在恶劣气候条件下游泳。

7. 平时可以参加游泳训练班进行培训，掌握游泳本领。

九、小学生消防安全工作规范化要求

1. 不玩火，不拿打火机、火柴、放大镜等点火，不玩弄电气设备。

2. 小学生禁止在任何场合下吸烟。

3. 不乱接乱拉电线。

4. 学校、家中不可存放汽油、酒精、天那水等易燃易爆物品。

5. 明火照明时不离人，不要用明火照明寻找物品。

6. 离家、离校或睡觉前要检查用电器具是否断电，燃气阀门是否关闭，明火是否熄灭。

7. 切勿在走廊、楼梯口等处堆放杂物，要保证通道和安全出口的畅通。

8. 发现燃气泄漏，要迅速关闭气源阀门，打开门窗通风，切勿触动电器开关和使用明火，并迅速通知专业人员来处理。

9. 发现火灾迅速拨打火警电话119。报警时要讲清详细地址、起火部位、着火物质、火势大小、报警人姓名及电话号码，并派人到路口迎候消防车。

10. 家用电器或线路着火，要先切断电源，再用干粉或气体灭火器灭火，不可直接泼水灭火，以防触电或电器爆炸伤人。

十、学生防电安全工作规范化要求

1. 学校、家里选用的家用电器必须质量可靠，安全指标符合标准。

2. 要用正确的方法安装电器，必须接地线的电器要使用三孔电源插座。电冰箱、洗衣机等家电可以装上合格的漏电保护装置。

3. 不用湿手触摸电器，不在湿的地方摆放电器。移动电器（如电扇、落地灯、冰箱等），要先切断电源。

4. 不要在一个插座上插用许多电器，班主任、家长要经常检查班里、家中的电器接线是否破损，是否需要修理更换，家电周围不能堆放易燃杂物。

5. 人走断电，用毕断电。一旦发生触电事故，要首先迅速切断电源，切忌在没有切断电源的情况下用手、脚或身体其他部分触碰伤者。如果不能切断电源，要穿上胶鞋，戴上胶手套，或站在一块干木板上，用干燥的木棒、竹竿等绝缘物体挑开电线。严重的要马上送往医院医治。

十一、学生防震安全工作规范化要求

1. 班主任要经常检查教室的照明灯具、橱柜等，并加以固定。

2. 正在上课时发生地震，要在老师指挥下迅速抱头、闭眼、躲在各自的课桌下，背向窗户（防止碎玻璃划伤头面部），用书包或软的坐垫保护头部。服从老师指挥，有组织地撤离，防止发生踩踏。不可因慌乱冲出教室，并避免慌张地上下楼梯。不可跳窗逃生。

3. 在操场或室外时，可就地蹲下或趴下，双手保护头部，注意避开高大建筑物或危险物（电线杆、树、体育器材、围墙等）。不要回到教室去。

4. 在家里发生地震，躲在炕沿下，坚固家具附近，内墙墙根、墙角，厨房、厕所、储藏室等开间小的地方。注意千万不要跳楼，不要站在窗外，不要到阳台上去。要关闭电源、火源及煤气。

5. 公共场所避震，要听从现场工作人员的指挥，不要慌乱，不要拥向出口，要避免拥挤，要避开人流，避免被挤到墙壁或栅栏处。

6. 在影剧院、体育馆等处，就地蹲下或趴在排椅下，注意避开吊灯、电扇等悬挂物，用书包等保护头部，等地震过去后，听从工作人员指挥，有组织地撤离。

7. 在商场、书店、展览、地铁等处，要选择结实的柜台、商品（如低矮家具等）或柱子边，以及内墙角等处就地蹲下，用手或其他东西护头，避开玻璃门窗、玻璃橱窗或柜台，避开高大不稳或摆放重物、易碎品的货架，避开广告牌、吊灯、霓虹灯等高耸、悬挂物。

第六节　班规范例

四（1）班班级管理规范化要求

卫生方面：

1. 值日生早晨 7:30 之前到校清洁卫生，擦讲台和窗台，打扫室外卫生。中午 2:30 到校进行清洁整理，清理室内外垃圾，整理课桌。班长督查。下午放学后，正常值日，并且整理好清洁工具，卫生小组长检查后，集体离开。

2. 每月底进行一次大扫除，按平时清洁要求做好。

3. 培养良好的卫生习惯。每周三早上班委组织进行个人卫生检查，要求勤剪指甲，校服整洁，书包里外、抽屉、桌套干净，男生理平头，女生无刘海，精神饱满。其他时间不定时抽查。

4. 早晨按时起床，每天坚持早晚刷牙。下午回家先洗手，睡觉前做好个人清洁。勤洗澡。

5. 不随地乱扔纸屑，任何场合看到垃圾要随手捡起。

纪律方面：

1. 按时吃好早点。上学不迟到，放学按时回家。不带零食进校，遵守路队纪律。

2. 到校后认真学习，不做与学习无关的事情。

3. 上课认真听讲，不讲话，不做小动作。

4. 下课后先做好课前准备，再解便，玩耍。玩耍时不疯跑，疯打。

5. 站队做到快、静、齐，行进过程中做到轻声慢步靠右行。

6. 在上室外课时，不许中途回教室。有事向任课老师请假。

7. 上学着校服，爱护校服，不在校服上乱涂乱画，保持其整洁。

8. 按规定时间到校。中午到校后，不许到处乱跑，进行自主阅读。

文明礼仪方面：

1. 每天在校见到老师和同学要主动行礼问好。

2. 校内外坚持讲普通话，多使用礼貌用语，讲文明，不说脏话，不骂人，不打架。

3. 孝敬父母，尊敬长辈，听从长辈的教导。不任性，外出或回家要和家人打招呼。

4. 诚实，不说谎话，有错就改。

5. 不动别人的东西，没经允许更不能拿别人的东西。借东西有礼貌，用完后要主动归还。

6. 乘公交车时要主动给老弱病残孕让座。

7. 在公共场合或集会时要守秩序，不大声喧哗，爱护公物，有公德意识。

8. 关爱残疾同学，不歧视同学。

学习方面：

1. 早晨到校后，按学习委员要求专心读书，声音响亮。

2. 按时完成课内外作业，作业整洁。不抄作业，不懂就问，保持书本页面干净。

3. 上课铃响后静候老师上课，上课专心听讲，积极举手发言。认真听同学发言。

4. 回家完成家庭作业后整理好自己的学具，每天保证削好三支笔，钢笔有水，保持书包内书本整齐干净，准备好第二天上学的用品再睡觉。

5. 养成课外阅读、写札记的好习惯。多和同学交流学习及读书心得。

班干部管理方面：和班主任老师勤沟通，和同学勤交流，做事民主客观，定期召开班委会，早做规划，及时小结。明确分工，各尽其责，树立为班级同学服务的意识，吃苦在前，不搞特殊，严格要求自己，树立威信，真正起到带头引领的榜样作用。

班级奋斗目标：养成良好习惯，努力学习，团结互助，争做文明班集体。

班训：我成长，我快乐，我以进步为荣。

二（5）班班级管理规范化要求

1. 每天上学须佩戴红领巾（周一升旗前检查），违者每人次扣 1 分。

2. 认真完成家庭作业。一周内表现好奖 2 分，违者扣 1 分。

3. 早晨、中午不得早到校，到校自觉进班预习功课或安静午读。一周内表现好加 1 分。违者扣 1 分。

4. 早点必须干净卫生质量过关。不准带有味道的食品或者零食充当早点，违者扣 1 分。

5. 活动时进花池、橱窗附近玩。每次扣 1 分。

6. 在上学、放学路上或校内玩危险游戏，一经发现每人每次扣 1 分。

7. 卫生工具、门窗、桌椅板凳等每损坏或刻画一处，每人次扣除 1 分，且家长到校维修。

8. 教室内的墙壁用手涂抹或弄脏，每人次扣 1 分。在校园内的墙壁上乱涂乱画的，每人次扣 1 分。

9. 课间操、眼保健操，动作不规范，做操过程中有说笑、打闹等现象每人次扣 1 分。

10. 上课认真听讲，积极发言。一周内表现好奖 2 分，违者一次扣 1 分。

11. 教室与清洁区内每天下午放学后值日生打扫一次，未打扫卫生扣全组值日生每人 1 分；打扫不彻底每人次扣 1 分；且必须在 10 分钟内打扫完毕。

12. 地面上有纸屑和纸片的情况，距离纸片最近的同学扣 1 分。

13. 放学路队一周内整齐加 2 分，违者每人次扣 1 分。

14. 出现有乱扔纸屑、小便不入池等现象的，每人次扣 1 分，积极主动检举同学的每人次加 1 分。

15. 拾到东西或钱财主动交还失主或学校的，加 2 分。

16. 不准在上学、放学的路上或校内吃零食，违者扣 1 分。

17. 不准在校内讲脏话、骂人、打架，违者扣 1 分。发现并检举别人的同学奖励 2 分。

18. 上下楼梯未靠右行走每人次扣 1 分；不爱护花草、公物，视其情况每人次扣 1~2 分。

19. 参加班级或学校组织的活动，为班级争夺一、二、三等奖的分别加 3、2、1 分。

20. 在班级这个大集体里，人人发扬主人公精神，积极争做"习惯养成教育"时期的好学生。

说明：当月底累计评出前十六名为本班本月"8 个好习惯之星"，贴好照片在班内公示。

六（4）班班级管理规范化要求

班训：在快乐中学习　在学习中收获　在收获中成长

班级奋斗目标：太阳每天都是新的，我们每天都在成长。

班规：

1. 进校：校服整洁重礼仪，备齐用品准时到，见到老师问声好，争做文明有礼貌。

2. 早读、早餐：早上时间最宝贵，书声琅琅记得牢。爱惜粮食是美德，不吃零食长得高。

3. 两操：出操整齐快静齐，动作规范做好操，不用监督靠自觉，天天锻炼身体好。

4. 上课：铃声一响进课堂，专心听讲勤思考，发言举手声音亮，尊敬师长不顶撞。

5. 课间：下课书本准备好，课间休息不吵闹，走廊游戏不跑跳，安全责任牢记心。

6. 学习：各门功课都重要，遵守纪律要确保，预习复习一定要，考试才能成绩好。

7. 作业：审清题意独立做，格式规范不抄袭，作业整洁字端正，保质保量按时交。

8. 卫生：个人卫生很重要，公共卫生也要搞，值日负责勤打扫，门窗水电要关好。

9. 礼仪、公德：相逢微笑问声好，礼貌用语要记牢，地上有纸弯下腰，勤俭节约是骄傲。

一（4）班班级管理规范化要求

纪律：

1. 早读：到校后先在学习委员的组织下认真早读。

2. 出操：听到音乐后站队，集合要快、静、齐。

3. 路队：排队时做到快、静、齐，在队伍里不讲话，不打闹，不追赶，不吃零食，齐背古诗，并注意不随意散队。

4. 午休：中午在家午休，不提早到校，不在教室，操场上乱跑，吵闹。

5. 每天中午到校后进行三十分钟读书，读书要做到安静。

6. 眼保健操：听到音乐马上坐好，做操时认真，穴位准确，中途不睁眼。

7. 课间：玩文明游戏，不追逐，打闹，大声喧哗。

8. 红领巾，校服：每天佩戴好红领巾，按规定穿好校服。（特殊情况除外）

上课：

9. 每节课前三分钟：准备上课文具，课前背古诗等老师上课。

10. 上课时认真听讲，积极举手发言，认真做好笔记，被任课老师表扬一次加1分，批评一次扣2分，回答一次问题加1分，整堂课一次手也不举扣1分。（特殊情况除外）

11. 单元测试前十名按名次奖励10~1分，在90分以上者加1分。（不重复加分）

卫生：

12. 在生活委员的组织下，按值日表的安排进行值日，并在20分钟内完成，卫生质量达到学校要求。

以上12项，如果能按要求做到，分项给予1分奖励。如果没有做到，则扣1分，集齐10分奖"小印章"一个。

13. 家庭作业按质、按量、按时完成，并坚持家长签字，做得好的奖励"100分"一个。

14. 每天坚持半小时课外阅读，做得好的奖励"100分"一个。

15. 课堂作业做得好奖励"100分"一个。

以上三项，集齐5个"100分"奖"大拇指"一个。

每周二班会课，把同学们本周所有的"小印章"合起来，第1~34名奖"大拇指"，学期末得"大拇指"多的发奖状并发小奖品。

班风：快乐学习，诚信做人！

班训： 管好自己，努力学习，争取进步！

班级奋斗目标：苗壮每一棵苗，艳丽每一朵花！

一（2）班班级管理规范化要求

按时上学不迟到，尊敬师长有礼貌。

铃声响，进课堂，学习用品放桌上。

晨会早练和集队，静快齐来要记牢。

课间休息不打闹，安全第一最重要。

上课听讲要专心，积极发言先举手。

回答问题大声讲，同学发言仔细听。

勤动脑筋用心想，作业按时来完成。

班级就是我的家，不丢垃圾不乱画。

清洁卫生靠大家，做好值日人人夸。

学习生活多快乐，学校就是我的家。

四（2）班班级管理规范化要求

思想和仪表：

1. 尊敬师长，团结同学，一切听从老师安排，如违反有关规定应谦虚接受批评，并做出书面检查。

2. 言行举止要文明，不骂人、不打架、不给其他同学取绰号。

3. 平时佩戴红领巾， 每天穿校服，放学出校门路队要整齐。

纪律：

4. 自觉遵守课堂纪律，认真听讲，不做小动作，不讲空话。

5. 自习课上不做与学习无关的事情，不乱说话，不下座位，自觉学习。

6. 课间不要在教室里大声喧哗或在教室走廊上相互追逐、推搡。放学时间不要在学校里玩（如打球等），应立刻回家。

出勤：

7. 早上 7:20、中午 2:30 后到校。要求全体同学不迟到、不早退，如有特殊情况要向班主任请假。

8. 学校里的任何活动（课间操、活动课）要同学及时参加，不迟到、不早退，无故不得缺席。

9. 放学时不乱跑、不打架，不在学校、街边逗留、玩耍，不到同学家串门。

卫生：

10. 每天的清洁扫除认真、迅速，在规定的时间内完成。虚心听取值日干部的意见。着装整洁大方，个人卫生保持好。

11. 值日生必须保证教室内外一天整洁，由组长负责，如发现地上有废纸应及时捡掉，卫生器具必须保持整齐。

学习：

12. 上课积极回答问题、不要打断老师上课。同学之间应相互帮助，共同进步。

13. 作业要及时收交，不准抄袭。由各组长负责，把作业没交的同学名单及时上报任科老师和班长。课后要求每一位同学都学会提问，向老师或同学虚心请教。

备注：以上违反条规者由值班干记录在值日本上，一周结束后作一次统计，作为期末品德考评的重要依据。对学习成绩优秀、进步迅速，关心班集体和团结同学，对班级作出贡献的同学应及时表扬以及记录在值周本上，期末也作为好习惯之星评比的重要依据。

班训：健康、守信、乐观、开朗。

班级奋斗目标：我们共同成长，我们共同快乐！

四 (3) 班班级管理规范化要求

1. 尊敬父母，关心父母身体健康，主动为家庭做力所能及的事。听从父母和长辈的教导，外出或回到家要主动打招呼。

2. 尊敬老师，见面行礼，主动问好，接受老师的教导，与老师交流。

3. 尊老爱幼，平等待人。同学之间友好相处，互相关心，互相帮助。不欺负弱小，不讥笑、戏弄他人。尊重残疾人。

4. 待人有礼貌，说话文明，讲普通话，会用礼貌用语。不骂人，不打架。

5. 诚实守信，不说谎话，知错就改，不随意拿别人的东西。虚心学习别人的长处和优点。遇到挫折和失败不灰心，不气馁，遇到困难努力克服。

6. 衣着整洁，经常洗澡，勤剪指甲，勤洗头。按时上学，不迟到，不早退，不逃学，有病有事要请假，放学后按时回家。

7. 课前预习，备好学习用品，上课专心听讲，积极思考，课后认真复习，按时完成作业，书写工整，卷面整洁。

8. 坚持锻炼身体，认真做广播体操和眼保健操，坐、立、行、读书、写字姿势正确。积极参加有益的文体活动。认真做值日，保持教室、校园整洁。

9. 遵守公共秩序，在公共场所守不拥挤，不喧哗，礼让他人。遵守交通法规，过马路走人行横道，不乱穿马路，不在公路追逐打闹。

10. 阅读、观看健康有益的图书、报刊、音像和网上信息，收听、收看内容健康的广播电视节目。

班训：团结、守纪、勤奋、上进。

班级奋斗目标：天天都快乐，日日有收获。

四（4）班班级管理规范化要求

班规：

1. 进校：穿戴整洁重仪表，备齐用品准时到；进校说声老师好，相互问候有礼貌。

2. 早读：勤奋好学争分秒，贵在自觉效率高；各门功课同重要，书声琅琅气氛好。

3. 两操：出操集队快静齐，动作规范做好操；每天眼操认真做，持之以恒视力保。

4. 上课：铃声一响教室静，专心听讲勤思考；耳眼手口心齐到，尊敬师长听教导。

5. 课间：课间休息不吵闹，文明整洁要做到；勤俭节约爱公物，遵循公德最重要。

6. 学习：各门功课要学好，遵守纪律最重要；预习复习要自觉，环环扣紧才生效。

7. 作业：审清题意独立做，格式规范不抄袭；本本整洁字端正，保质保量按时交。

8. 离校：值日卫生勤打扫，按时离校关门窗；横穿马路停看行，安全法规要记牢。

班训：勤奋、踏实、团结、向上。

班级目标：做合格小学生，争优秀好少年。

四（5）班班级管理规范化要求

建此班规目的在于提醒同学们在日常学习和生活中应注意的事项，让同学们养成自觉学习、遵规守纪、文明礼貌等好习惯。希望所有同学之间相互监督。

安全：

1. 在校园内不爬栏杆、窗台、围墙、旗杆、篮球架等，在教室内不准将身子探出窗外。

2. 上下楼梯、在校园内行走、上学放学路上靠右边走，不得两人并肩行进，不跑、不推、不拥、不挤，遇到人多时要礼让，不得争抢。

3. 课间不在教室、走廊、楼梯间等地追逐打闹，大声喧哗。

4. 不玩危险的游戏，自觉遵守纪律，服从班干部、学生会成员管理。

5. 注意乘车安全，上下车有序，不得推拥。

6. 不得在湖边、水渠等处玩耍。

学习：

1. 上课前准备好上课用品，上课认真听讲，不搞小动作，积极思考，积极参与讨论，大胆答问质疑。

2. 按时按量保质完成作业，不得抄袭作业，按时上交作业，并及时改正错误。不得以任何理由拒绝组长及班干部的检查和抽查。（如不能完成，组长可进行相应的处罚。）

3. 无论什么作业，要保持书本的整洁，不在书本上乱写乱画，爱惜本子，不能把本子撕烂弄脏，作业须有家长的签名方可是完成作业。（违反者罚一个本子）

纪律：

1. 不迟到、不早退、不旷课，有事要向老师请假。

2. 做操、做眼保健操时做到又静又齐，动作要到位、舒展。

3. 如厕时，如遇人多时要自觉排队，不得插队。

4. 放学后以班级为单位迅速离开教室，到楼下集合，不得拖拉，不得喧哗，站好后有序出校门。

5. 课前准备好上课用的东西，铃响后迅速坐好，不得手忙脚乱。

卫生：

1. 值日生认真打扫教室和清洁区，搞好卫生，保持干净卫生。（如不能及时打扫，罚扫一周值日。）

2. 不能随手乱扔垃圾，应扔在指定的地方；看见地上有垃圾马上捡起，然后扔进垃圾箱。（如有违反者，罚捡校园垃圾一周。）

3. 不随地吐痰。

4. 注意个人卫生：勤洗澡、洗头，勤换衣服，勤剪指甲，勤理发。

班级奋斗目标：养成良好习惯，争做文明班级。

班训：人人爱集体，个个有发展。

一（3）班班级管理规范化要求

文明礼貌：小朋友，进学校，见到老师问声好，见到同学问声早，礼貌用语要用好。

上课：上课铃，叮当响，我们快步进课堂，不挤不碰不吵闹，端正坐在座位上。书本文具放整齐，静等老师把课上。

听课：身坐直，脚放平。看前方，专心听。

课中休息：伸伸手，弯弯腰，抬抬头，坐端正。

举手：上课发言先举手，老师批准再张口。声言要响亮，态度要大方，吐字清楚受表扬。

坐姿：身坐直，脚放平，两手拿书向外倾。

写字：写字时，身坐直，头要正，肩要平。眼离本子有一尺，手离笔尖有一寸，胸离桌边有一拳。

站队：站队要像大白鹅，挺胸抬头，背不驼。走路要像小花猫，脚步轻轻，静悄悄。

路队：站路队，快、静、齐，走起路来真神气，挺胸抬头甩开臂，整整齐齐踏步走。

做游戏：做游戏，要注意，安全第一要牢记。讲文明，懂礼貌，遵守秩序争第一。

课间安全：下课铃响两件事，一要做好课前事，二要立即上厕所，时间足够不用跑，游戏玩要不走远，团结友爱守秩序，课间安全牢记心，铃声一响进教室。

二（4）班班级管理规范化要求

1. 每天按时上学，坚持吃完早点走学校。早点必须干净卫生质量过关。不准带有味道的食品或者零食充当早点，违者扣1颗星。

2. 每天上学须佩戴红领巾，违者每人次扣1颗星。

3. 认真完成家庭作业。一周内表现好奖1颗星。

4. 早晨、中午不得早到校，到校自觉进班预习功课或安静午读。一周内表现好加1颗星。违者扣1颗星。

5. 活动时不进花池、不在橱窗附近玩。每次扣1颗星。

6. 教室内的墙壁用手涂抹或弄脏，每人次扣1分。在校园内的墙壁上乱涂乱画的，每人次扣1颗星。

7. 课间操、眼保健操，动作不规范，做操过程中有说笑、打闹等现象每人次扣1颗星。

8. 教室与清洁区内每天值日生认真打扫两次，未打扫卫生扣全组值日生每人1颗星；打扫不彻底每人次扣1颗星；且必须在10分钟内打扫完毕。

9. 地面上有纸屑和纸片的情况，主动捡起的同学奖励1颗星。

10. 出现有乱扔纸屑、小便不入池等现象的，每人次扣1颗星，积极主动检举同学的每人次加1颗星。

11. 拾到东西或钱财主动交还失主或学校的，加2颗星。

12. 不准在校内讲脏话、骂人、打架，违者扣1颗星。发现并检举别人的同学奖励2颗星。

13. 上下楼梯未靠右行走每人次扣1颗星；不爱护花草、公物，视情况每人次扣1~2颗星。

14. 参加班级或学校组织的活动，为班级争夺一、二、三等奖的分别加3、2、1颗星。

说明：当月底累计评出前十六名为本班本月"8个好习惯之星"，贴好照片公示在班内。

第三章

《小学生"8个好习惯"养成教育培养目标实施研究》课题

第一节 《小学生"8个好习惯"养成教育培养目标实施研究》课题研究计划

一、课题研究的背景和意义

研究背景：

中共中央《关于培育和践行社会主义核心价值观的意见》中指出：培育和践行社会主义核心价值观要从小抓起、从学校抓起。坚持育人为本、德育为先，围绕"立德树人"的根本任务，把社会主义核心价值观纳入国民教育总体规划，贯穿于基础教育等各领域，落实到教育教学和管理服务各环节，覆盖到所有学校和受教育者。《中共中央关于加强和改进中、小学德育工作的通知》中也指出："德育对中、小学特别是小学生更多的是养成教育。"在小学阶段培养教育孩子形成良好的习惯，是培育和践行社会主义核心价值观具体体现，对学校、家庭乃至社会教育都有着极其重要的意义。我国近代著名教育家叶圣陶先生十分注重习惯的培养，他认为：

教育就是养成良好的习惯。叶圣陶先生非常强调在习惯养成中的身体力行，他认为要养成某种好习惯，要随时随地加以注意，躬行实践，才能收到一定的效果。小学阶段是孩子良好习惯形成的关键时期，让学生在小学成长过程中养成一系列做人、做事、学习等方面的良好习惯，直接关系到新一代国民的道德素质，关系到我们未来事业的接班人的道德素质。

目前，由于长期受传统教育思想的影响，学校在学生的文明道德习惯、学习习惯、纪律习惯、卫生习等养成教育方面，还有一些需要改进的地方。

1. 学生来源复杂。我校地处吴忠市区西北角，在校学生 1903 名，学生主要来自金花园社区、阳光骄子、古城中心村、左营中心村、党家河湾村、新华桥村及外来务工人员子女等，家长的文化素养、学生家庭教育的环境不尽相同，生源极其复杂，给学校的发展带来了许多不利的因素。

2. 学生良好的行为习惯养成比较差。一是一些学生不遵守课堂纪律，上课随意说话、下座位、打闹、顶撞老师、不准备好学习用品、上课不注意听讲、不按时认真完成课堂作业等；二是学生不遵守课外纪律，大喊大叫、乱扔垃圾、打架骂仗、追逐打闹、小偷小摸、损坏公物、乱涂乱画、推搡拥挤、敲诈勒索、不遵守交通规则、待人无礼貌、不遵守社区纪律、破坏公共设施、破坏公共卫生等。

3. 家长习惯不好。许多家长的文化素养、行为习惯也非常差，对学生的影响很大。父母离异、外出，孩子成为留守儿童，许多家长骂脏话、打孩子、经常不洗澡、不洗衣服、不注重生活环境的整洁、打麻将、闯红灯、横穿马路、不排队、不让座、公众场合大声说话、打电话、撒谎等，严重影响了孩子的成长。

4. 社会环境对孩子的影响也很大。社会的一些丑恶现象，如以假乱真、以次充好、拾金不昧受人嘲笑、无耻行为视为正常、离婚为家常便饭、孩子无人问津、家庭教育缺失、把孩子教育的责任推给学校、虚假诚信等，影响着我们的孩子。

5. 学校教育的系统性不够。今天抓这个，明天抓那个，头痛医头，脚痛医脚，造成了学校养成教育的"真空"。

为此，我们提出了《小学生"8个好习惯"养成教育培养目标实施研究》课题研究申请。

研究意义：

1. 理论意义：通过该课题的研究，形成研究报告、研究论文，进行推广交流，为学校今后更好地开展学生行为习惯教育奠定理论基础。

2. 实践意义：通过该课题的研究，旨在培养学生礼貌待人、干净上学、学会学习、诚信做人、自我管理、遵守公德、增强体质、安全自救"8个好习惯"，并通过学校有计划、有步骤地组织落实，评比考核奖励，力促学生良好习惯的形成，这对促进学生人格的形成，为学生健康发展、可持续发展和终身发展都具有重要意义。

二、本课题要研究解决的问题

小学生"8个好习惯"养成教育培养目标实施研究课题共有八项研究问题，拟设计以下八个子课题进行研究：

1. 学生礼貌待人问题实验研究。

2. 学生干净上学问题实验研究。

3. 学生学会学习问题实验研究。

4. 学生诚信做人问题实验研究。

5. 学生自我管理问题实验研究。

6. 学生遵守公德问题实验研究。

7. 学生增强体质问题实验研究。

8. 学生安全自救问题实验研究。

三、课题研究的目标

1. 通过本课题的研究，探索培养学生良好习惯的途径和方法，使学生在研究周期里逐步养成良好的礼貌习惯、卫生习惯、学习习惯、诚信习惯、自我管理习惯、遵守公德习惯、体育锻炼习惯、安全自救习惯，普遍具有家庭责任心、社会责任感，成为家长放心、社会满意的新一代好少年。

2. 通过本课题的研究，改变学校德育工作的盲目性，增强针对性和实效性。

3. 通过本课题的研究，使教师转变传统的教育观，树立新的教育理念，在培养学生形成良好的习惯中，从观念到理论到实践都有新的发展，总结出具有指导意义的经验。也促使学生家长改变教育孩子的方式方法，主动配合学校做好孩子的教育工作。

四、该课题国内外研究现状

小学生"8个好习惯"养成教育是对学生行为指导与培养的一种教育模式。我国近代著名教育家叶圣陶先生十分注重习惯的培养，他认为：教育就是养成良好的习惯。为此，叶圣陶专门写过《习惯成自然》《两种习惯养成不得》等文章。文中所阐述的主要思想对当今少年儿童良好习惯的培养，仍不乏启示意义。作为一位长期从事教育工作的实践家，叶圣陶先生非常强调在习惯养成中的身体力行，他认为要养成某种好习惯，要随时随地加以注意，躬行实践，才能收到较好的效果。他在《习惯成自然》一文中写道："要有观察的能力，必须真个用心去观察；要有劳动的能力，必须真个动手去劳动；要有读书的能力，必须真个把书本打开，认认真真去读；要有做好公民的能力，必须真个把公民应做的一切认认真真去做……"这样，我们"所知"的才能逐渐化为我们的习惯，成为相应的能力和素质。著名教育家陈鹤琴认为："教育一个人要从小就注意，讲话怎样讲，批评怎样批评，做人的态度，对人的礼貌，以及一切的一切都要从小养成。"吴忠市教育局周占忠也常说："良好习惯的养成，决定人生的未来。"《中共中央　国务院关于进一步加强未成年思想道德建设的若干意见》指出："对小学生重点是规范其基本言行，培养良好习惯。"

就目前小学德育教育的实际看，不仅忽视少年儿童行为习惯的养成，而且这方面的培养教育也是不规范的。造成这种状况的原因是多方面的，有家庭、社会等外来的不良影响，但更重要的是我们教育自身存在的问题。养成教育培养工作的方向不明，学校、家庭、社会注重孩子的学习，忽视或放松孩子的思想道德教育，用考试成绩衡量一个孩子的好坏，以至于学生的文明道德习惯、学习习惯、卫生健身习惯等的现状不能令人满意。因此，坚持从小学生的行为习惯养成教育入手，不仅有利于克服长期以来德育工作中追求"高、大、全"的弊端，增强德育工作的实效性，而且对推素质教育，适应新的时代环境和形势都具有重要意义。少年儿童时期是培养行为习惯的最佳时期，我们提出的《小学生"8个好习惯"养成教育培养目标课题研究》，就是从当前学生养成教育的实际出发而提出的，具有一定的研究价值。

五、完成课题的可行性分析

1. 课题主持人路德具有 26 年从事教育教学的经验，是吴忠市"十佳教学能手"，自治区优秀教研员，自治区级骨干教师，吴忠市"名师"，吴忠市优秀教师，高级教师职称，曾主持和参加了国家科学课"十五"计划教育部重点课题《小学科学新课程开发与实验研究》的研究，具备一定的主持和参与课题研究的能力。现为学校分管德育工作的副校长，对推进该课题的研究有重大贡献。

2. 参与该课题的研究人员也都是学校的中层领导和骨干教师，他们具有较强的教育教学实践的经验和较强的指导能力，所参与的教育教学活动多次受到上级教育部门的表彰奖励。对课题研究工作他们十分重视，积极性很高，这为今后的课题研究顺利开展提供了条件。

3. 学校领导对开展此项课题研究非常重视，给予的人力、物力、财力等的大力支持，保证了该课题研究的顺利进行。

4. 经费有保障。本课题的研究经费将主要用于研究过程中的材料、会务、交通、奖励费用等的开支。

六、课题核心概念的界定

"8个好习惯"是该课题的核心概念。《大戴礼记·保傅》中讲到："少成若天性，习贯之为常。这里的"习贯"亦作"习惯"，即习于旧贯，是指积久养成的生活方式，后指逐渐养成而不易改变的行为，今泛指一个地方的风俗、社会习俗、道德传统等，分为良好习惯和不良的习惯。本课题中的"8个好习惯"中的"习惯"是指根据小学生的年龄特点、认知能力，将小学生良好习惯养成提炼为8个方面、64个教育点，按月进行培养教育，使其逐步形成良好的不易改变的行为。为什么是"8个好习惯"？"8个好习惯"、64个教育点几乎囊括了小学生要养成的主要习惯，同时也遵从了这样一种编排体例。另外，"8个好习惯"是《中小学生守则》和《小学生日常行为规范的20条》内容的具体化，64个教育点全都体现了《中小学生守则》和《小学生日常行为规范的20条》的要求，同时体现了社会主义核心价值观对新时期小学德育的要求。

七、课题研究的具体方法

本课题将以实践教育作为主要的研究方式，重点解决学生良好习惯形成问题，采用的具体研究方法有：

1. 观察研究法：通过教师平时的观察，收集学生在"8个好习惯"养成教育方面的实践活动现象、材料等，进行分析和解释。此方法可贯穿研究活动的全过程。

2. 调查研究法：根据平时发现的问题，设计针对教师及学生的问卷调查，并对调查研究的资料进行研究分析，确定当前学生养成教育的现状，找出影响学生良好行为习惯形成的主要因素。

3. 行动研究法：根据《学生"8个好习惯"养成教育目标实施方案》和《学生"8个好习惯"养成教育目标形成性评价实施办法》的要求，各课题组成员在自己的实验班中实践尝试，在此过程中不断进行自我反思，不断进行总结改进，学校及时总结交流，积累研究过程的资料，达到研究的目标。

4. 经验总结法：依据课题成员在学生"8个好习惯"养成教育目标实践中所提供的经验和事实，分析、概括、筛选、总结、提炼出学生"8个好习惯"养成教育目标成果，形成研究报告。

5. 访谈法：通过走访学生、家长、社区、公交公司等，了解学生行为习惯的养成情况，找出存在的问题，制定改进的措施。

八、课题研究的阶段

本课题研究周期为三年（即从 2014 年 7 月至 2017 年 7 月），分三个阶段进行。

第一阶段：准备阶段（2014 年 7—12 月）

1. 制定并上交课题立项申报书，撰写课题实施计划；

2. 召开课题研究开题会；

3. 编辑《小学生"8个好习惯"养成教育目标实施手册》和《规范化要求》；

4. 编辑学生"8个好习惯"养成教育活动校本课程；

5. 开展课题师生问卷调查分析；

6. 课题组成员制定子课题研究计划；

7. 课题组撰写年度研究报告。

第二阶段：实施阶段（两年，即 2015 年 1 月—2016 年 12 月）

以每一学期为一个研究周期，共分四个周期，即 2015 年上半年、2015 年下半年、2016 年上半年、2016 年下半年。各周期均须完成以下工作任务：

1. 制定本周期工作计划（每学期开学第 1 周），落实本周期的"四个好习惯"教育，并兼带其他好习惯教育。

2. 开展每周一次的主题升旗活动。

3. 召开每周一次的主题班队会，并适时进行主题班队会观摩或竞赛活动。

4. 进行以学生"8个好习惯"养成教育为主题的班级文化建设。（黑板报、评比栏、班规、图书角等）

5. 进行本周期的"四个好习惯"达标测试或技能测试。

6. 进行本周期的"四个好习惯"小报制作和评比。

7. 根据每月的好习惯养成教育目标和学校的安排，开展学校、班级主题教育。

8. 进行学生"8个好习惯"养成教育形成性评价，月初学习讨论，安排布置；月中组织落实；月末进行考核评价。按照学生"8个好习惯"养成教育培养目标实施星级形成性评价；进行学生每月好习惯表现情况记载；评选每月班级"好习惯之星"，评选学校"好习惯优秀少年"，创建"好习惯"养成教育优秀班集体。

9. 进行学生不良表现情况记录，并及时进行教育。

10. 开展家校教育活动，通过家长会、校信通、家长培训会等及时和家长沟通，使家长了解学生"8个好习惯"养成教育目标内容及实施要求，实现家校联动，共同教育。

11. 课题组每月例会，对本月的好习惯养成教育工作进行小结、辅导，提出具体要求。

12. 课题组每月对各课题组成员落实月好习惯养成教育目标情况进行检查评比，总结推广好的经验。

13. 课题组进行本周期工作总结，或撰写年度研究报告，收集整理研究资料，上传资料等。

14. 每学期结束前，课题组对学生 "8个好习惯" 养成教育目标落实情况进行一次研讨，通过研讨，交流、推广成功经验，促进教师不断提高。

15. 在实际研究中安排的其他工作。

第三阶段：课题总结阶段（2017年1—7月）

1. 撰写课题研究成果报告；

2. 整理所有档案资料，形成文集；

3. 申请自治区教科所结题验收；

4. 撰写研究论文，推广研究成果；

5. 召开课题研究总结表彰大会，奖励课题研究优秀教师。

九、课题参与人员及分工

1. 课题研究的指导专家

周占忠（吴忠市教育局副局长）

白忠明（吴忠市教育局教研室主任）

张明俊（吴忠市教育局学校工作科科长）

薛晓宏（吴忠市第十二小学校长）

2. 课题主持人及参与人员分工

路德：课题主持人，负责课题研究的申报，制定课题研究实施计划，负责实施手册、校本课程和规范化要求的编写，全面负责课题的研究与实施工作。

马保国：负责课题教师、学生问卷设计、调查、分析；负责制定每阶段实施计划，并组织落实；负责课题的年度总结；负责课题研究中的录像、电子和文本制作等。

赵淑红：负责课题资料的收集、整理、上传工作；负责组织课题研究相关的活动；负责课题的阶段性总结等。

马保国、赵淑红、顾丽丽、杨学华、张晓蕾、李春燕、刘慧芳、秦晓娟、余文香：负责课题的研究实验工作；档案资料的收集与整理工作；撰写实验总结、论文或研究报告；负责学生的调查问卷等。

3. 子课题人员分工

杨学华：负责子课题一，学生礼貌待人问题实验研究。

余文香：负责子课题二，学生干净上学问题实验研究。

李春燕：负责子课题三，学生学会学习问题实验研究。

刘慧芬：负责子课题四，学生诚信做人问题实验研究。

顾丽丽：负责子课题五，学生自我管理问题实验研究。

张晓蕾：负责子课题六，学生遵守公德问题实验研究。

秦晓娟：负责子课题七，学生增强体质问题实验研究。

赵淑红：负责子课题八，学生安全自救问题实验研究。

十、研究成果预期形式及内容

1. 编辑《学生"8个好习惯"养成教育活动实施手册》。

2. 开发编辑小学生"8个好习惯"养成教育德育校本课程系列教育丛书，共八册，分别为《礼貌待人》《干净上学》《学会学习》《诚信做人》《自我管理》《遵守公德》《增强体质》《安全自救》，共六十四课。

3. 编辑《小学生"8个好习惯"养成教育目标规范化要求》，共6个方面，60项内容，并编辑成册。

4. 进行过程评价，积累评价资料，分类装订成册。

5. 录制课题参与人员优秀主题班会课，并刻制光盘，收集课件等资料。

6. 制作课题研究过程的专题片。

7. 撰写课题研究成果报告。

8. 课题组成员每人撰写一篇论文参与评奖或发表，推广研究成果。

十一、参考文献

1. 中共中央办公厅. 关于培育和践行社会主义核心价值观的意见：中办发〔2013〕24号.

2. 中共中央、国务院. 关于进一步加强和改进未成年人思想道德建设的若干意见：中发〔2004〕8号.

3. 中共中央. 关于加强和改进中小学德育工作的通知：1988年12月.

4. 中小学德育大纲：1998年4月.

5. 中小学文明礼仪教育指导纲要：2010年12月.

6. 小学生日常行为规范20条：1991年8月.

7. 中小学生守则：2014年8月.

第二节 《小学生"8个好习惯"养成教育培养目标实施研究》课题研究调查分析报告

一、调查目的

为了充分了解吴忠市第十二小学学生行为、学习等方面习惯养成状况，培养学生良好的行为习惯和学习习惯，使每位学生学会做人、学会生活、学会学习、学会健体，成为诚实守信的文明公民，同时为全面实施我校"8个好习惯"学生行为养成教育打好坚实基础，于2015年6月份，课题组对学生习惯养成情况进行了调查。

二、调查对象及方法

本次调查采用了问卷调查、谈话等方式，调查对象为 60 名学生 60 名家长。共发放 120 份问卷，回收 120 份。力求从整体上反映学生习惯养成的现状。为了使调查问卷高效，笔者多次召开班主任、任课教师座谈交流会，最终确立家长和学生共 30 个调查问题。问题涉及了学生学习、学生安全、文明礼貌等八个方面。

三、调查结果与说明

课题组负责人对家长和学生调查问卷进行认真详细统计归纳，其情况报告如下：

（一）生活、卫生习惯

1. 80%的学生能按照学校要求，做到起床后自觉整理床铺，摆放生活用品，讲究卫生，勤剪指甲，爱惜粮食，不挑食偏食。但还有少部分学生不讲究卫生，不会叠被子，将生活用品胡乱摆放，饭前便后不洗手。

2. 大多数学生都能一周洗澡一次，但有些学生卫生习惯较差。少数学生睡前洗脚洗袜子，大多学生还没有养成这个习惯。

3. 44%的学生能做到不带零食到学校，有些学生偶尔带，16%的学生根本做不到。调查了解，违纪学生老是扎堆出现在某个班级，这与班主任的教育不到位有关。

4. 调查数据显示 52%的学生能主动捡拾校园垃圾，这个调查结果与学校掌握的情况有点出入，学校认为能主动捡拾垃圾的学生占不到 5%。

（二）文明礼貌、爱护公物习惯

1. 60%以上的学生能使用日常文明用语，助人为乐。这与学校开展的一些教育活动是分不开的。有一些学生做不到这一点，但有一部分学生经常说粗话、脏话，有时会大喊大叫，甚至有以大欺小的现象。

2. 90%的学生能做到课间上下楼梯不追逐打闹，遵守学校纪律，按时作息，爱护花草树木，不在校园内乱涂乱抹，爱护校园内的公共设施，认真值日保持教室、校园整洁等。有个别学生不遵守学校纪律，上下楼梯时快跑或者是骑在扶手上滑下来；不按时作息，早上到校过早；在花园内摘花折草，损坏桌凳；在校园内乱扔果皮纸屑等。

3. 75%的学生在家能帮助家长干一些力所能及的活，25%的学生不能，这与家长的教育有关。这些家长认为，重视学生学习就是只学习不干活，他们忽略了对孩子生活能力的培养。

（三）学习习惯

1. 30%的学生不能养成课前预习的好习惯，读书写字姿势不正确，上课时不能认真听课记好笔记，没有自觉读书学习的良好习惯，还有学生因人而异，表现出只爱学习自己喜欢的老师的课。

2. 60%以上的学生上课能专心听讲，积极提问或回答问题，并能独立按时完成作业，有不明白的问题主动向别人请教，课堂上必要的学习用品能准备好，以认真的态度对待每次考试，并将成绩及时汇报给家长。

3. 影响学生学习成绩的诸多因素中贪玩的比例最大，还有 10% 的学生有厌学情绪，52%的学生上课时不注意专心听讲，学习依赖于死记硬背，碰到难题不愿意动脑筋思考等。

4. 安全习惯：70%以上的学生能做到不带管制刀具到校内玩，不玩火、不玩易燃易爆物品，不与陌生人接触，不听坏人哄骗，不到湖、河内游泳，养成了良好的安全习惯。

四、现状分析

调查显示，大部分学生在学习、文明语言、行为、生活和卫生习惯等方面呈现出正常的、积极向上的发展状况。但还有一些学生与培养目标、个人良好行为习惯等方面还存在许多问题，主要表现在学生的文明言行和学习习惯两个方面，产生问题的主要原因，与下列因素相关：

（一）学习习惯与家庭教育相关

从家长和学生调查中发现只有 26% 的学生有课前预习习惯，读书写字姿势正确的仅占被调查学生的 33%，52% 的学生上课时不能专心听讲，学习满足于死记硬背，碰到难题不愿意动脑筋思考等，老师在与不在教室时表现都一样的仅占 38%。究其原因，既与学生的学习态度不端正、学习目的不明确有关，还与教师的教育观念有关系。教师中或多或少存在着只重视学生学习成绩，而忽视学生习惯培养的问题，重视优生，忽视差生，这些现象导致优生更优，差生更差。由于学生大部分都是农民家庭，家长打工繁忙，没有时间去引导教育孩子。加之部分家长文化程度较低，要求简单；家庭书香味不浓，对学生潜移默化的影响不大，学生没养成自觉读书学习的习惯。对此我们要多召开家长会，聘请专家学者对家长进行辅导，办好家校合作，定期开展教育培训活动，使家长不断更新教育理念。立德树人需要潜移默化，日积月累。为了使孩子明天更美好，家庭教育和学校教育应紧密配合，同步发展，不断提高家长素质，办好家长学校显得尤为重要和迫切。

（二）文明言行习惯养成与家长、教师教育观念相关

调查中发现，据调查问卷反映平时有帮助他人习惯的学生仅占 66%，有时做的占 21%，不做的占 13%，学生以我为中心的意识比较重，缺乏动手能力，劳动意识薄弱。究其原因是家长缺乏引导，没有培养孩子的动手能力，让孩子参与力所能及的劳动机会太少；同时学校在进行矫正教育中往往是堵的多，疏导的少，有时因为安全压力，尽量减少学生的校内劳动，因此学生帮助他人的习惯学校说教批评多，引导践行少。因此，学校可以在平时的教学中开展"大扫除活动，我是校园小卫士，我为校园增添一片绿"等活动，让孩子知道：劳动最光荣。良好行为习惯是做人的基础，学校有效抓好学生常规教育，落实学生主体地位，培养学生良好的劳动习惯，才能使学生学会生活，学会做人。

（三）生活习惯与学校、家庭教育相关

从家长和学生调查中发现 40% 的学生挑食，这类学生是因为身体发育的不健全，对食物的消化吸收不完全，造成积食而挑食；这些原因，学校老师要注意引导教育，要充分利用健康教育课多为学生讲解科学饮食的道理，引导教育克服挑食偏食的不良习惯；同时要加强学生用餐管理，规范用餐纪律，提倡光盘行动，对浪费现象要尽心批评教育。

五、采取对策

1. 启动实施"礼貌待人、干净上学、学会学习、诚信做人、自我管理、遵守公德、增强体质、安全自救"8个好习惯养成教育活动，定期评选优秀少年，树立榜样，营造比学习、比进步、比提高的教育氛围，促使学生达到自我教育、自我完善的目的，增强活动效果。认真做好"8个好习惯"学生养成教育课题申报研究工作。让学生行为养成教育工作深入全校师生中，深入每天的教育教学工作中。

2. 抓常规教育，从点滴做起。培养学生良好的习惯，政教处和教务处一起从"8个好习惯"方面落实。采用日查和周查的方式进行。日查：政教处每班派小助手检查学生的仪表、卫生、两操、班级卫生、课间纪律等。教务处查课前准备、课堂倾听、作业完成及学生课堂参与度等方面。周评：将检查结果公布，并选出优胜班级进行表扬，树立典型，培养学生竞争意识。

3. 以学生发展为本，培养学生良好的学习习惯。有计划地开展促使学生学习习惯养成的活动。如：诗文诵读竞赛，作文比赛等，培养学生学习兴趣。课堂上教师要严格教学常规，培养学习好习惯，指导学生学会预习、学习、复习。教师要正确对待学生，每学期每位教师撰写一份辅导记录和一个典型案例，耐心细致、满腔热情地做好学困生转化工作。

4. 家校联手，形成合力。第一，教师要加强师德建设，树立正确学生

观，建立民主、平等、和谐的师生关系，教书育人，为人师表，树立教师良好形象。事事为学生做出表率，在潜移默化教育中养成好习惯。第二，家庭教育从落实家庭教育常规入手，通过家长学校，创建学习型家庭，不断提高家长综合素质，创造和谐的家庭教育氛围，让学生做到在校在家一个样，促进行为习惯的内化，形成良好的道德品质，提高教育实效性。

5. 开展丰富多彩的班队活动。开展"读书月"班队活动，运用"和好书交朋友"班队课，捐 1 本书丰富图书角，写好征文等方式方法，使学生受到教育，形成良好的读书习惯，并把这个良好的阅读习惯带到家中，影响家长和孩子一起阅读，参与到学校组织的活动中来。

附：

第十二小学学生行为习惯现状（家长）调查问卷

第十二小学学生行为习惯现状（学生）调查问卷

小学学生行为习惯现状（家长）调查问卷

尊敬的家长：

您好! 孩子的健康成长和顺利成才是你我共同的愿望，良好习惯为孩子的幸福人生奠基。为了更好地教育孩子，请家长配合学校认真填写此问卷。

一、孩子及父母基本情况

班级：　　　　　　姓名：　　　　　　性别：

父亲工作及单位：　　　　　母亲工作及单位：

是否独生子女：　　　　　若不是有兄妹　　　　人

主要随　　　　　（父母、爷爷奶奶、外公外婆、其它亲人）生活

二、孩子行为习惯调查问卷（根据实际情况在合适的括号里打"√"或在横线上填写）

1. 孩子上学、放学或出去玩时给家里人打招呼吗？

经常打招呼（ ） 有时会打招呼（ ） 从不打招呼（ ）

2. 孩子喜欢主动与家长谈自己的学习和学校的事吗？

很喜欢说（ ） 受表扬时说（ ） 受欺负时说（ ）

从不说（ ）

3. 孩子自己能做到"三勤"（勤洗头、勤洗澡、勤剪指甲），讲究个人卫生吗？

常能做到（ ） 有时能做到（ ） 很难做到（ ）

4. 孩子在家里是否能主动积极学习或完成家庭作业？

能（ ） 需要家长督促（ ） 常敷衍了事（ ）

5. 孩子喜欢读课外书吗？

很喜欢（ ） 不太喜欢（ ） 不喜欢（ ）

6. 当孩子犯了错误，家长教育时孩子的表现

乐于接受，主动认错（ ） 找借口开脱（ ）不理睬（ ）

7. 孩子自己的事自己做吗？（如洗脸、穿衣、吃饭、梳头、刷牙等）

完全自己做（ ） 自己做一些（ ） 大部分家长帮着做（ ）

8. 孩子能够做到自己整理书包，准备学习用品吗？

每天都是自己做（ ） 大多数时候能（ ） 有时能（ ）

从不会（ ）

9. 孩子在家里或路上、街上乱扔果皮纸屑吗？

从不乱扔（ ） 大多数时候不（ ） 常乱扔（ ）

10. 孩子喜欢锻炼并乐意参加户外活动吗？

喜欢（ ） 有时喜欢（ ） 不喜欢（ ）

11. 孩子在家是否合理饮食，不挑食，不偏食？

合理饮食（　　）　　一般不挑食（　　）　　很挑食（　　）

12. 孩子自我保护意识强吗？

强（　　）　　一般（　　）　　没有（　　）

13. 孩子过马路时

都是走斑马线（　　）　　有时走斑马线（　　）

想怎样走就怎样走（　　）

14. 你们对孩子的习惯满意吗？

很满意（　　）　　比较满意（　　）　　不满意（　　）

15. 你们希望学校或老师在孩子良好习惯培养工作的哪些方面还需加强或改进？

小学学生行为习惯现状（学生）调查问卷

姓名：　　　　　　　　　　班级：

请同学们根据实际情况在合适的答案后面打"√"

1. 你使用日常文明用语吗？

①经常用　　　　②有时用　　　　③不用

2. 你能做到早晚刷牙，饭前便后洗手吗？

①能　　　　②不能　　　　③在家长的督促下能

3. 上课前，你能作好准备吗？（如准备好教科书、文具，上厕所等）

①能　　　　②不能　　　　③在老师或班干部的督促下能

4. 课堂上，你会主动表达自己的意见吗？（比如举手发言，和同学讨论等）

①会　　　　②不会　　　　③有时会

5. 你在家里帮爸爸妈妈做事吗？

①经常做　　　　②有时做　　　　③不做

6. 课间，你会在走廊追逐打闹吗?

　　①有时　　　　　　②经常　　　　　　③没有

7. 上课或集会时，你遵守纪律吗?

　　①能遵守　　　　　②不能遵守　　　　③有时会违反纪律

8. 你遵守交通规则吗?

　　①能遵守　　　　　②不能遵守　　　　③有时不遵守

9. 如果不能来上学，你会向老师请假吗?

　　①会请假　　　　　②不会请假

10. 你挑食吗?

　　①挑食　　　　　　②不挑食

11. 你每周的零花钱有多少?

　　①10元以下　　　②20~30元　　　　③30元以上

12. 用完水电后，你会自觉关开关吗?

　　①会　　　　　　　②不会　　　　　　③有时会

13. 你有没有在桌椅上乱写乱画?

　　①有过　　　　　　②没有　　　　　　③经常乱写乱画

14. 你有没有乱扔垃圾?

　　①经常这样做　　②没有经常这样做　③有时这样做

15. 你能天天坚持锻炼身体吗?

　　①能　　　　　　　②不能　　　　　　③有时能

第三节　《小学生"8个好习惯"养成教育培养目标实施研究》课题中期工作总结报告

　　按照自治区第四届基础教育教学课题研究要求，2014年6月份我校申报了《小学生"8个好习惯"养成教育培养目标实施研究》课题，在自治区教研室专家的评审下，这个课题得以立项，2014 年 11 月课题立项通知书发到了学校。随即我们对这项工作前期资料进行了整理，对后期工作进行了梳理，按照课题计划的要求，紧锣密鼓地开展工作，顺利地完成了第一阶段，即准备阶段（2014 年下半年）和第二阶段 2015 年上半年的研究任务。现总结如下：

一、所做的工作

1. 申请课题立项。2014 年 6 月份我们申报了《小学生"8 个好习惯"养成教育目标实施研究》课题，请求自治区教研室批准课题立项。2014 年 11 月课题立项通知书发到了学校后，我们按照立项通知书和评审意见的要求，对《小学生"8 个好习惯"养成教育培养目标实施研究》课题申报书进行了认真修改，并上传宁夏教研网。

2. 撰写《小学生"8 个好习惯"养成教育培养目标实施研究课题研究计划》（实施方案），成立了课题组，全面规划课题的研究工作。

3. 召开了课题开题会。在吴忠市教研室的委托下，我们举行了《小学生"8 个好习惯"养成教育培养目标实施研究》课题开题会，学校领导班子及全体教师参加了这次开题会。在开题会上，学校副校长白红梅宣读了自治区教育厅教研室关于吴忠市利通区第十二小学《小学生"8 个好习惯"养成教育培养目标实施研究》课题立项通知，路德副校长宣讲了课题研究计划，薛晓宏校长对今后课题研究工作提出了要求和希望。

4. 在前期工作的基础上，制定并完善了《学生"8 个好习惯"养成教育培养目标》《学生"8 个好习惯"养成教育实施方案》《学生"8 个好习惯"养成教育形成性评价实施办法》，全面规划学生"8 个好习惯"养成教育工作。

5. 编辑了《学生"8 个好习惯"养成教育活动实施手册》，邀请了焦局长为《实施手册》题词，邀请了周占忠副局长、张力副局长为《实施手册》撰写序言。

6. 召开了《小学生"8个好习惯"养成教育培养目标实施研究》课题组成员培训会，学习《实施手册》，宣讲要求，明确操作要领。

7. 在前期工作的基础上，完善了小学生"8个好习惯"养成教育德育校本课程系列教育丛书。本套指导用书共有八册，六十四课，分别为《礼貌待人》《干净上学》《学会学习》《诚信做人》《自我管理》《遵守公德》《增强体质》《安全自救》。教育内容涵盖校内校外、课内课外等小学生日常行为规范。每册书每课都按照"名人名言""教育提示""生活在线"等方式编排，每一节内容还有议一议、记一记、搜集、讨论、综合实践活动等多种形式的教育活动，图文并茂，内容丰富，为课题研究提供了资源。

8. 开展了学生"8个好习惯"养成教育培养目标建章立制工作，以此保障课题研究顺利进行。我们制定了《小学生"8个好习惯"养成教育目标规范化要求》6个方面，60项内容，即小学生礼仪、卫生、自我管理方面的规范化要求10项，班级管理方面的规范化要求11项，学校管理方面的规范化要求11项，小学生学习方面的规范化要求6项，小学生安全教育方面的规范化要求11项，班级管理规范化要求范例11项，并编辑成册。

9. 课题组成员制定了子课题研究计划，全面规划子课题的研究任务。

10. 设计了针对学生、教师、家长的良好行为习惯教育问卷调查，并进行了调查和分析，使课题研究更具有了针对性。

11. 制定了2015年上半年研究计划，落实2015年上半年的"四个好习惯"教育，即礼貌待人、干净上学、学会学习和诚信做人，并兼带其他好习惯教育。

12. 根据每月好习惯养成教育目标和学校的安排，开展学校、班级主题教育。开展每周一次的主题升旗活动，将2015年上半年的"四个好习惯"教育融入升旗活动之中。各班召开每周一次的主题班队会,将2015年上半年的"四个好习惯"教育作为主题,并进行每月主题班队会观摩研讨活动。

13. 积极打造以小学生"8个好习惯"养成教育培养目标为主线的校园文化。我们确定了以养成教育为主线的校园文化建设的思路,一改学校文化空、大、全的弊端。

在显性文化方面:

(1)以"基础扎实,习惯良好、发展全面"为培养目标挈领整个校园文化;

(2)以学生"8个好习惯"养成教育培养目标确定的"8个好习惯"和64个教育点进行校园文化设计;

(3)以《小学生日常行为规范20条》要求进行校园文化设计;

(4)以《三字经》《弟子规》经典解读进行校园文化设计;

(5)以宣传安全知识、安全标志为主的校园文化设计;

(6)以养成教育为主的班级文化建设。

在隐性文化方面:

(1)以问题改进为抓手,不断完善和改进学生"8个好习惯"养成教育工作;

(2)以德育活动为载体,组织学生开展每月以一个好习惯养成教育为主的系列教育活动,强化学生良好习惯的养成;

(3)以养成教育宣传为阵地,教育学生应该怎样去做;

(4)以班队会课为平台,强化过程评价;

(5)以家校教育为纽带,倡导榜样示范;

(6)以德育认知为基础,内化于心;

(7)以学生行为习惯的改善,甄别教育成效。

积极打造以学生"8个好习惯"养成教育为主题的班级文化建设,每学期进行评比检查。共提出了以下九个方面的建设要求：

（1）每半年主办高质量的养成教育黑板报二期；

（2）设置实施班级学生行为习惯评比栏；

（3）完善班务工作信息栏；

（4）制定张贴班级班规；

（5）设置优美实用的图书角；

（6）设置张贴学生"8个好习惯"星级少年评比栏；

（7）设置班级门牌；

（8）一至三年级用壁纸张贴班级墙裙；

（9）创新项目：学生作品展示、标语、提示语、获奖区等。

14. 进行了2015年上半年的"四个好习惯"达标测试和小报制作工作。

15. 进行了学生"8个好习惯"养成教育形成性评价，月初学习讨论，安排布置；月中组织落实；月末进行考核评价。按照学生"8个好习惯"养成教育培养目标实施星级形成性评价；进行学生每月好习惯表现情况记录；评选每月班级"好习惯之星"，评选学校"好习惯优秀少年"，创建"好习惯"养成教育优秀班集体。对学生不良表现情况作记录，并及时进行教育。

16. 开展家校教育活动，通过家长会、校信通、家长培训会等及时和家长沟通，使家长了解学生"8个好习惯"养成教育目标内容及实施要求，实现家校联动，共同教育。

17. 课题组每月例会，对本月的好习惯养成教育工作进行小结、辅导，提出具体要求。每月对各课题组成员落实月好习惯养成教育目标情况进行检查评比，总结推广好的经验。

18. 课题组成员进行了2015年上半年工作总结，撰写阶段研究报告，收集整理研究资料等。

19. 进行了学生"8个好习惯"养成教育工作评价改革。设计了《学生"8个好习惯"养成教育工作班主任评价手册》和《学生不良行为习惯任课教师记录手册》，并指导班主任和任课教师使用。设计了学生"8个好习惯"养成教育荣誉卡，随时进行颁卡活动，调动学生的积极性。教学生"8个好习惯"韵律操。在六一国际儿童节期间，进行了学校"好习惯优秀少年"的评选、奖励活动。

20. 加强了学生"8个好习惯"养成教育培养目标的落实工作，在路队、卫生、纪律、两操、课内外活动等方面强化训练，规范言行，指导与考核。

21. 加强学生"8个好习惯"养成教育工作的宣传与交流。利用电子屏、标语、小喇叭广播、学校橱窗、班级板报、学校信息栏等媒介，宣传学生"8个好习惯"，教育学生应该怎样去做。重视了校外宣传，利用吴忠电视台、吴忠日报、《宁夏教育》《吴忠教育》等媒介进行宣传。继续与兄弟学校保持联系，相互学习交流，共同进步。

22. 以德育教育活动为载体，促进了学生良好习惯的形成。

（1）利用重大节日开展德育教育活动。如学雷锋纪念日、清明节、世界读书日、国际劳动节、六一国际儿童节、世界禁毒日等开展主题教育。

（2）结合每月一个好习惯教育内容，设计学校、班级的教育活动。

（3）进行开学常规教育，上好开学第一课。

（4）进行社会主义核心价值观教育。

（5）开展学校安全教育活动，如开展了防震、防火、防溺水、防交通事故、防中毒、防疾病、禁毒等安全教育培训、讲座及演练活动，开展法制安全教育活动，开展心理健康教育和知识测试，进行网络安全主题教育，建立流动、留守、乘车、残疾等儿童的档案工作，不定期开展教育活动。

我校《小学生"8个好习惯"养成教育培养目标实施研究》课题紧紧围绕学生养成教育培养目标，做了大量的教育工作，取得了较好的效果。

学生的养成教育工作逐渐规范，学生礼仪习惯、学习习惯、行为习惯和卫生习惯得到了很大的改善，德育工作受到教育局领导的充分肯定。2014年6月学校学生"8个好习惯"养成教育工作在市区学校交流；2014年11月吴忠市教育局在我校召开德育工作现场会，对我校养成教育工作给予充分肯定；2015年6月我校被评为德育工作先进集体；学校学生"8个好习惯"养成教育工作先后在吴忠日报、吴忠电视台、宁夏教育电视台刊载或播放。

二、存在的问题

1. 学生"8个好习惯"养成教育工作评价不够认真、规范和及时，一些成员对每月的好习惯评价工作应付。班队会课开展得不够扎实，主题教育开展的效果不好，导致我们一边抓养成教育，一边不断出现问题。

2. 德育管理和德育教育活动的效果有时不太好，如主题班会课、成员工作考核不严格等。

3. 学生"8个好习惯"养成教育荣誉卡的颁发有局限性，表现在有权限的颁发人员太少，学生获得的荣誉卡多集中在干净上学和诚信做人上。

4. 家校教育结合得还不够好。学习问题沟通得多，品德问题沟通得少。

5. 学生自我管理的能力不够强，如体育委员不会喊操、卫生委员不会组织打扫卫生、班长不会组织班级活动等。

三、改进的措施

1. 树立做好《小学生"8个好习惯"养成教育培养目标实施研究》课题研究工作，就是做好了学校德育工作的理念。

2. 加强学校德育管理，精心拟定阶段性课题研究计划。重新拟定符合实际的规章制度，组织成员学习制度，按制度进行考核，提高德育管理的精细化程度。

3. 加强对成员班队会课的指导和检查，认真抓好班级主题教育，进一步规范学生"8个好习惯"养成教育评价工作，改进荣誉卡的颁发方法，促进学生良好行为习惯的养成。

4. 开展文明班级创建和评选活动，将文明班级评选的范围扩大，如课间操、眼保健操、路队、升旗、纪律、卫生、校服、体育、艺术等方面。

5. 抓好家校教育，继续通过培训家长，提高家校教育的合力。

6. 继续抓好学生的自我管理能力的培养。

7. 课题的指导、培训还不够及时。课题组成员对课题研究计划的理解、实施过程、研究方法等缺乏足够的认识。

在今后的工作中，我们将继续抓好《小学生"8个好习惯"养成教育培养目标实施研究》课题研究工作，以德育管理为核心，以德育教育活动为载体，以体卫艺活动为特色，深入开展德育活动。持之以恒抓常规，精益求精搞活动，努力促进学生良好的行为习惯的形成。

第四节 《小学生"8个好习惯"养成教育培养目标实施研究》课题结题报告

《小学生"8个好习惯"养成教育培养目标实施研究》课题（JXKT-ZH-04-009），是吴忠市利通区第十二小学2014年上半年申报的，2014年下半年立项，研究周期为三年。三年来，学校课题组根据《小学生"8个好习惯"养成教育培养目标实施研究》课题研究计划的要求，精心组织实施。在实施过程中，整体规划，分步实施，学年循环，评比考核，实践创新，构建起了较为完整的评价操作体系，学生的行为习惯得到了根本好转，社会各界对我校开展的小学生"8个好习惯"养成教育工作给予了充分的肯定。吴忠市教育局先后两次组织市区学校领导观摩学校"8个好习惯"养成教育工作，学校先后被评为吴忠市德育工作先进集体、吴忠市优秀少先大队等。市区学校、周边县市学校先后到学校参观学习，吴忠电视台、宁夏教育电视台、吴忠日报、《吴忠教育》《宁夏教育》等先后对学校"8个好习惯"养成教育工作进行了宣传报道，促进了学校德育工作健康发展。

一、课题研究的背景和意义

（一）课题研究的背景

中共中央《关于培育和践行社会主义核心价值观的意见》中指出：培育和践行社会主义核心价值观要从小抓起、从学校抓起。坚持育人为本、德育为先，围绕"立德树人"的根本任务，把社会主义核心价值观纳入国民教育总体规划，贯穿于基础教育等各领域，落实到教育教学和管理服务各环节，覆盖到所有学校和受教育者。《中共中央关于加强和改进中、小学德育工作的通知》中也指出："德育对中、小学特别是小学生更多的是养成教育。"在小学阶段培养教育孩子形成良好的习惯，是培育和践行社会主义核心价值观具体体现，对学校、家庭乃至社会教育都有着极其重要的意义。我国近代著名教育家叶圣陶先生十分注重习惯的培养，他认为：教育就是养成良好的习惯。叶圣陶先生非常强调在习惯养成中的身体力行，他认为要养成某种好习惯，要随时随地加以注意，躬行实践，才能收到相当的效果。小学阶段是孩子良好习惯形成的关键时期，让学生在小学成长过程中养成一系列做人、做事、学习等方面的良好习惯，直接关系到国民的道德素质，关系到我们未来事业的接班人的道德素质。

目前，由于长期受传统教育思想的影响，学校在学生的文明道德习惯、学习习惯、纪律习惯、卫生习等养成教育方面，还有一些不能令人满意的地方。

1. 学生来源复杂。我校地处吴忠市区西北角，在校学生 2100 多名，学生主要来自金花园社区、阳光骄子、古城中心村、北湖花园、党家河湾村、新华桥村及外来务工人员子女等，家长的文化素养、学生家庭教育的环境不尽相同，生源极其复杂，给学校的发展带来了许多不利的因素。

2. 学生良好的行为习惯养成比较差。一是一些学生不遵守课堂纪律，上课随意说话、下座位、打闹、顶撞老师、不准备好学习用品、上课不注意听讲、不按时完成课堂作业等；二是学生不遵守课外纪律，大喊大叫、乱扔垃圾、打架骂仗、追逐打闹、小偷小摸、损坏公物、乱涂乱画、推搡拥挤、敲诈勒索、不遵守交通规则、待人无礼貌、不遵守社区纪律、破坏公共设施、破坏公共卫生等。

3. 家长习惯不好。许多家长的文化素养、行为习惯也非常差，对学生的影响很大。父母离异、外出，孩子成为留守儿童，许多家长骂脏话、打孩子、经常不洗澡、不洗衣服、不注重生活环境的整洁、打麻将、闯红灯、横穿马路、不排队、不让座、公众场合大声说话、打手机、撒谎等，严重影响了孩子成长。

4. 社会环境对孩子的影响也很大。社会的一些丑恶现象，如以假乱真、以次充好、拾金不昧受人嘲笑、无耻行为视为正常、离婚家常便饭、孩子无人问津、家庭教育缺失、把孩子教育的责任推给学校、虚假诚信等，影响着我们的孩子。

5. 学校教育的系统性不够。今天抓这个，明天抓那个，头痛医头，脚痛医脚，造成了学校养成教育的真空。

为此，我们提出了《小学生"8个好习惯"养成教育培养目标实施研究》课题研究申请。

（二）课题研究的意义

1. 理论意义：通过该课题的研究，形成研究报告、研究论文，进行推广交流，为学校今后更好地开展学生行为习惯教育奠定理论基础。

2. 实践意义：通过该课题的研究，旨在培养学生礼貌待人、干净上学、学会学习、诚信做人、自我管理、遵守公德、增强体质、安全自救

"8个好习惯",并通过学校有计划、有步骤地组织落实,评比考核奖励,力促学生的良好习惯的形成,这对促进学生完美人格的形成,为学生健康发展、可持续发展和终身发展都具有重要意义。

二、本课题要研究解决的问题

小学生"8个好习惯"养成教育培养目标实施研究课题共有八项研究问题,即学生礼貌待人问题实验研究;学生干净上学问题实验研究;学生学会学习问题实验研究;学生诚信做人问题实验研究;学生自我管理问题实验研究;学生遵守公德问题实验研究;学生增强体质问题实验研究;学生安全自救问题实验研究。

三、课题研究的目标

1. 通过本课题的研究,探索培养学生良好习惯的途径和方法,使学生在研究周期里逐步养成良好的礼貌习惯、卫生习惯、学习习惯、诚信习惯、自我管理习惯、遵守公德习惯、体育锻炼习惯、安全自救习惯,普遍具有家庭责任心,社会责任感,成为家长放心、社会满意的新一代好少年。

2. 通过本课题的研究,改变学校德育工作的盲目性,增强针对性和实效性。

3. 通过本课题的研究,使教师转变传统教育观,树立新的教育理念,在培养学生形成良好的习惯中,从观念到理论到实践都有新的发展,总结出具有指导意义的经验。也促使学生家长改变教育孩子的方式方法,主动配合学校做好孩子的教育工作。

四、课题研究的具体方法及研究对象

本课题以实践教育作为主要的研究方式,重点解决学生良好习惯形成问题,采用的具体研究方法有:

1. 观察研究法：通过教师平时的观察，收集学生在"8个好习惯"养成教育方面的实践活动现象、材料等，进行分析和解释。此方法贯穿研究活动的全过程。

2. 调查研究法：根据平时发现的问题，设计针对教师及学生的问卷调查，并对调查研究的资料进行研究分析，确定当前学生养成教育的现状，找出影响学生良好行为习惯形成的主要因素。

3. 行动研究法：根据《学生"8个好习惯"养成教育目标实施方案》和《学生"8个好习惯"养成教育目标形成性评价实施办法》的要求，各课题组成员在自己的实验班中实践尝试，在此过程中不断进行自我反思，不断进行总结改进，学校及时总结交流，积累研究过程的资料，达到研究的目标。

4. 经验总结法：依据课题成员在学生"8个好习惯"养成教育目标实践中所提供的经验和事实，分析、概括、筛选、总结、提炼出学生"8个好习惯"养成教育目标成果，形成研究报告。

5. 访谈法：通过走访学生、家长、社区、公交公司等，了解学生行为习惯的养成情况，找出存在的问题，制定改进的措施。

研究对象：本课题主要针对小学生行为习惯的养成教育。

五、课题研究的阶段及内容

本课题研究周期为三年（即从2014年7月至2017年7月），分三个阶段进行：

第一阶段：准备阶段（2014年7—12月）

1. 制定并上交课题立项申报书，撰写课题实施计划；

2. 召开课题研究开题会；

3. 编辑《小学生"8个好习惯"养成教育培养目标实施手册》和《规范化要求》；

4. 编辑学生"8个"好习惯养成教育活动校本课程；

5. 开展课题师生问卷调查分析；

6. 课题组成员制定子课题研究计划；

7. 课题组撰写年度研究报告。

第二阶段：实施阶段（两年，即2015年1月—2016年12月）

以每一学期为一个研究周期，共分四个周期，即2015年上半年、2015年下半年、2016年上半年、2016年下半年。各周期均须完成以下工作任务：

1. 制定本周期工作计划（每学期开学第1周），落实本周期的"四个好习惯"教育，并兼带其他好习惯教育。

2. 开展每周一次的主题升旗活动。

3. 召开每周一次的主题班队会，并适时进行主题班队会观摩或竞赛活动。

4. 进行以学生"8个好习惯"养成教育为主题的班级文化建设。（黑板报、评比栏、班规、图书角等）

5. 进行本周期的"四个好习惯"达标测试或技能测试。

6. 进行本周期的"四个好习惯"小报制作和评比。

7. 根据每月的好习惯养成教育目标和学校的安排，开展学校、班级主题教育。

8. 进行学生"8个好习惯"养成教育形成性评价，月初学习讨论，安排布置；月中组织落实；月末进行考核评价。按照学生"8个好习惯"养成教育培养目标实施星级形成性评价；进行学生每月好习惯表现情况记录；评选每月班级"好习惯之星"，评选学校"好习惯优秀少年"，创建"好习惯"养成教育优秀班集体。

9. 进行学生不良表现情况记录，并及时进行教育。

10. 开展家校教育活动，通过家长会、校信通、家长培训会等及时和家长沟通，使家长了解学生"8个好习惯"养成教育目标内容及实施要求，实现家校联动，共同教育。

11. 课题组每月例会，对本月的好习惯养成教育工作进行小结、辅导，提出具体要求。

12. 课题组每月对各课题组成员落实月好习惯养成教育目标情况进行检查评比，总结推广好的经验。

13. 课题组进行本周期工作总结，或撰写年度研究报告，收集整理研究资料，上传资料等。

14. 每学期结束前，课题组对学生"8 个好习惯" 养成教育目标落实情况进行一次研讨，通过研讨，交流、推广成功经验。

15. 在实际研究中安排的其他工作。

第三阶段：课题总结阶段（2017 年 1—7 月）

1. 撰写课题研究成果报告；

2. 整理所有档案资料，形成文集；

3. 申请自治区教科所结题验收；

4. 撰写研究论文，推广研究成果；

5. 召开课题研究总结表彰大会，奖励课题研究优秀教师。

六、课题研究的成果

《小学生"8 个好习惯"养成教育培养目标实施研究》 课题共有八项研究问题，即学生礼貌待人问题实验研究；学生干净上学问题实验研究；学生学会学习问题实验研究；学生诚信做人问题实验研究；学生自我管理问题实验研究；学生遵守公德问题实验研究；学生增强体质问题实验研究；学生安全自救问题实验研究。课题实施三年来，学校课题组根据课题研究计划的要求，精心组织实施。在实施过程中，整体规划，分步实施，学年循环，评比考核，构建起了较为完整的评价操作体系，学生的行为习惯得到了改善。

（一）整体规划，规范了学生养成教育工作

2014 年我校申报了《小学生"8 个好习惯"养成教育培养目标实施研究》课题（JXKT-ZH-04-009），并于 2014 年下半年立项，随即开展了一系列为期三年的探索与实践的工作。

（1）制定《学生"8 个好习惯"养成教育培养目标》《学生"8 个好习惯"养成教育实施方案》和《学生"8 个好习惯"养成教育形成性评价实施办法》，全面规划学生"8 个好习惯"养成教育工作；

（2）编辑《学生"8 个好习惯"养成教育活动实施手册》，邀请了焦局长为《实施手册》题词，邀请了周占忠副局长、张力副局长为《实施手册》撰写序言；

（3）召开学生"8 个好习惯"养成教育活动启动会，邀请了教育局周占忠副局长、关工委宋永厚副主任、学生家长代表 200 人参与，形成学校、家庭和社会对学生良好习惯教育的重视；

（4）开展学生"8 个好习惯"养成教育活动教师、学生、家长签名活动，让师教师、学生、家长了解活动的目的，更好地配合学校对学生进行教育；

（5）召开学生"8 个好习惯"养成教育活动实施班主任培训会，学习《实施手册》，宣讲要求，明确操作要领；

（6）开发编辑小学生"8 个好习惯"养成教育德育校本课程系列教育丛书，本套指导用书共有八册，六十四课，分别为《礼貌待人》《干净上学》《学会学习》《诚信做人》《自我管理》《遵守公德》《增强体质》《安全自救》；

（7）开展小学生"8 个好习惯"养成教育目标建章立制工作，制定了《小学生"8 个好习惯"养成教育目标规范化要求》6 个方面，60 项内容，并编辑成册；

（8）开展了师生调查问卷及分析。以上工作的开展，规范了我校学生的养成教育工作,探索培养学生良好习惯的途径和方法,为我校德育工作的开展搭建起了平台,设计了框架,使学生良好行为习惯的养成和训练有纲可依。

(二)分步实施,让德育工作变得具体、可操作

我们按照《小学生"8个好习惯"养成教育培养目标实施方案》的要求,以一个学年为实施周期,循环进行。每一个周期分三个阶段进行:即学习安排阶段(每学期开学第一周);实施教育阶段(每学年3、9月—6、12月);总结评比、巩固提高阶段(每学年7、1月初)。每个阶段都安排了具体的工作内容,来落实阶段工作目标。每学年各年级各班根据学校安排,按月组织开展活动,着力落实每月一个好习惯教育,兼带其他7个好习惯教育,并有所侧重,如三月份"文明礼貌"好习惯教育、四月份"讲究卫生"好习惯教育等。每月月末各班进行总结,对学生进行实施过程评价,总结教育成效,评选每月班级的"好习惯之星",安排下月工作。每学年末在学生"8个好习惯"养成教育评价结束后,评选学校的"好习惯之星"优秀少年进行表彰,同时创建"养成教育优秀班集体"。按照这样的实施规则,教师、家长在教育的过程中,有理论支撑、有操作办法、有规范化要求,使德育工作变成了具体的、可操作的东西,改变学校德育工作的盲目性,增强针对性和实效性。

(三)评比考核,促使学生行为习惯得到改善

学校制定了《学生"8个好习惯"养成教育目标形成性评价实施办法》,加强对学生良好习惯的检验。以学生礼貌、卫生、学习、诚信、自我管理、遵守公德、体育锻炼、安全自救等行为习惯的改善,作为衡量学生思想道德发展、评估德育效果的根本标准。使学生逐步养成良好的普遍具有家庭责任心,社会责任感,成为家长放心、社会满意的新一代好习惯优秀少年。

1. 按学生"8个好习惯"养成教育评价标准实施评价

制定学生"8个好习惯"养成教育评价标准，实施星级形成性评价，让自己、小伙伴、老师、家长都来参与评价。对每月的一个好习惯确定的8个教育点和其他"7个好习惯"养成情况，进行评价，完成得好得一颗红色星★，完成得较好得一颗黄色星★，完成得一般得一颗蓝色星★。

2. 进行学生每月好习惯表现记录

我们根据学生"8个好习惯"表现情况记录要求，由班主任对班级学生每月一个好习惯养成表现情况进行记录，突出优点，找出普遍存在的问题和个别存在的问题，提出改进的措施。

3. 评选每月班级"好习惯之星"

"好习惯之星"的评选是学生每月一个好习惯养成教育效果的体现，是学生良好习惯教育的阶段性荣誉。它的评选每月进行一次，根据每月的多元化评价情况，由班委会推荐，班主任审核，学校政教处批准，颁发"好习惯之星"认定证书，并将"好习惯之星"认定证书装入学生成长记录袋中，作为学期、学年学校评选"好习惯优秀少年"的依据。"好习惯之星"的荣誉称号为：礼仪之星、卫生之星、学习之星、诚信之星、自我管理之星、遵守公德之星、健康之星和安全之星。学生每个月都要参加本月好习惯养成教育，接受班级考核，争当"好习惯之星"。"好习惯之星"评选条件是该学生当月的班级评价为优秀，8个"好习惯之星"每个学生都可以参加评选，达到评选条件即可根据比例评选。实施三个学年以来，每个好习惯大约有540名学生获得当月的"好习惯之星"。

4. 评选学校"好习惯优秀少年"

"好习惯优秀少年"的评选是学生良好习惯教育效果的体现，是学生良好习惯教育的最高荣誉。它的评选每学年进行一次，是在每月班级评选的"好习惯之星"的基础上，由班主任推荐，学校政教处审核，主管校长批准后，颁发"好习惯优秀少年"奖状或奖牌，并组织参加校外实践活动。实施三个学年以来，大约有 1200 人次学生获得"好习惯优秀少年"称号。

5. 创建"好习惯"养成教育优秀班集体

学生良好习惯教育效果好坏最终表现在班级是否班风正、学风浓、凝聚力强上。创建"好习惯"养成教育优秀班集体，可以更好地鼓励、肯定班集体的工作成绩，促进班务工作更好地开展。"好习惯"养成教育优秀班集体的创建主要由学校政教处、少先队进行考核评选。根据每月好习惯的养成教育情况，结合平时的各项工作检查，综合进行评选、授牌，并将结果作为评选优秀班主任、优秀班集体和班主任绩效工资发放等的依据。实施三个学年以来，有 21 个班级获得"好习惯"养成教育优秀班集体。

（四）强化实践，不断创新工作新方法

为使学生"8个好习惯"养成教育活动顺利开展，学校提出"重指导、重导行、重宣传、重评价、重家校"的 15 字方针，引领教师进行理论和实践创新，认真做好学生良好习惯养成教育培养工作。

1. "重指导"——以问题改进为抓手，强化上层指导

在实施的过程中，我们认真听取老师、上级领导的意见和建议，不断完善和改进学生"8个好习惯"养成教育工作。教育局领导多次来校亲临指导，从实施手册、校本课程、规范化要求等都进行详细的指导，促进这项工作顺利开展。学校多次召开研讨会，找问题、找对策，提高教育的实效。

2. "重导行"——以德育活动为载体，强化认知导行

良好的习惯只有通过反复的科学训练和耐心的教育，才能逐步形成。为此，我们以"认知"为基础，以品德课教学为主渠道，结合每月一个好习惯教育，每月办一期小报，每月进行达标测试，强化认知；以德育活动为载体，立足平时，强化学生良好习惯的养成。政教处、少先队、班主任按照学校安排，积极组织学生开展每月以一个好习惯养成教育为主的系列教育活动，如学雷锋教育活动、缅怀革命先烈教育活动、防震防火讲座及演练、法治教育讲座、安全教育讲座等，力促学生良好习惯的养成。使学

生通过学习认知、德育活动实现知行统一。

3. "重宣传"——以德育宣传为阵地，强化环境熏陶

加强学校宣传阵地建设，充分利用电子屏、标语、小喇叭广播、学校橱窗、班级板报、学校信息栏等媒介，宣传学生"8个好习惯"，教育学生应该怎样去做。小喇叭广播开辟了每周一歌、美文欣赏、安全教育、好人好事、故事欣赏等板块，真正实现了以小喇叭广播、校园橱窗、班级板报等为主阵地，强化环境熏陶的目的。我校实施的学生"8个好习惯"养成教育工作作为学校德育特色项目，受到教育局领导的充分肯定。2014年至今，教育局先后两次在我校召开德育工作现场会；2015年学校被教育局评为德育工作先进集体；2016年学校被教育局确定为"8个好习惯"养成教育特色学校、少先队工作示范学校等。学生"8个好习惯"养成教育工作先后在吴忠日报、《吴忠教育》《宁夏教育》、吴忠电视台、宁夏教育电视台刊载或播放。

4. "重评价"——以班队会课为平台，强化过程评价

我们以班会课为平台，开展学生"8个好习惯"养成教育主题班队会，利用小学生"8个好习惯"养成教育德育校本课程，对学生良好习惯养成进行引导。通过多元评价方式，对学生每月一个好习惯养成情况进行多元星级评价，评选班级每月的"好习惯之星"，如礼仪之星、卫生之星等，并做为评选"好习惯优秀少年"的依据。同时，记录学生每月一个好习惯养成表现情况，进行小结。通过评价让学生自己教育自己，让自觉自律成为习惯。

5. "重家校"——以家校教育为纽带，强化言行改善

小学生"8个好习惯"养成教育工作单凭教师做是不够的，需要家长的配合。为此，我们重视指导家长做好教育工作，通过启动会、家长会、大家访、家庭教育培训等活动，宣传小学生"8个好习惯"养成教育培养目标，并提出了家长、教师也要养成"8个好习惯"，促进教师、家长齐抓

共管，合力攻坚，用教师、家长的良好素质，身体力行，影响带动学生。

小学生"8个好习惯"养成教育目标工作最终表现在学生行为习惯的改善上，实施近两年来，取得了一些成绩：一是规范了我校学生的养成教育工作，为我校德育工作的开展搭建起了平台，设计了框架，使学生良好行为习惯的养成和训练有纲可依，教师、家长在教育的过程中，有理论支撑、有操作办法、有规范化要求，使德育工作变成了具体的、可操作的东西。二是通过小学生"8个好习惯"养成教育目标教育活动的开展，学生礼仪习惯、学习习惯、行为习惯和卫生习惯得到了很大的改善，现在当你随时走进学校，你会发现校园干净整洁，学生见到老师主动问好，有老师在和无老师在同学都能自觉安静地读书学习，课间操、路队、集会等都秩序井然，给人舒服的感觉。

当然，在实施的过程中，还存在一些问题，比如：学生的行为习惯出现反复，家长的配合不力，教师的评价不够科学等。今后虽然课题研究工作告一段落，但学生"8个好习惯"养成教育工作依然长期抓下去，要克服和改进学生"8个好习惯"养成教育工作中出现的问题，加大对实施过程的考核，提高教师、家长的榜样示范作用，提升教育实效。我们将不断地实践、反思、总结、改进、创新，真正使学生"8个好习惯"养成教育目标最终定格在学生的心里，外化到学生的言行之中。

七、参考文献

1. 中共中央办公厅. 关于培育和践行社会主义核心价值观的意见：中办发〔2013〕24 号.

2. 中共中央、国务院. 关于进一步加强和改进未成年人思想道德建设的若干意见：中发〔2004〕8 号.

3. 中共中央. 关于加强和改进中小学德育工作的通知：1988 年 12 月.

4. 中小学德育大纲：1998 年 4 月.

5. 中小学文明礼仪教育指导纲要：2010年12月.

6. 小学生日常行为规范20条：1991年8月.

7. 中小学生守则：2014年8月.

第五节 《小学生"8个好习惯"养成教育培养目标实施研究》课题研究优秀主题班队会设计及点评

《爱护公共设施 从我做起》主题班会课实录及点评

执教：赵淑红　　记录及点评：路　德

一、班长准备，报告班主任（出示课件1）

二、谈话导入班会主题

主持人甲：同学们请欣赏这句格言。出示课件2，学生齐读。

如果你失去了今天，你不算失败，因为明天还会再来；如果你失去了金钱，你不算失败，因为人生的价值不在钱袋；如果你失去了道德，那就是彻彻底底的失败，因为你失去了做人的真谛。

甲：读了这句格言，你明白了什么？学生回答。

甲：同学们说得很对。可见，道德品质对一个人来说，是多么重要啊！

主持人乙：同学们，学校为了从小培养我们良好的道德品质，开展了"8个好习惯"养成教育活动。你们知道"8个好习惯"是什么吗？（学生齐背。）

主持人甲：那么，学校在培养我们养成"遵守社会公德"的好习惯方面，向我们提出哪些具体要求呢。出示课件3，学生齐读。

（1）尊敬关爱师长。

（2）不随地吐痰大小便。

（3）尊重各民族风俗习惯。

（4）不损坏花草树木。

（5）爱护公共设施。

（6）不随手丢弃垃圾。

（7）自觉排队不插队。

（8）不在公共场所大声喧哗。

主持人乙：同学们"遵守社会公德"包括方方面面的内容，今天我们就以"爱护公共设施"这个话题，召开一次主题班会吧。出示课件4《爱护公共设施，从我做起》，请同学们齐读。

三、创设情景，明理导行

1. 我的自述

主持人甲：同学们，说到公共设施大家都非常熟悉。在我们的日常生活中处处都有它的身影，大家说说，你们都见过哪些公共设施？学生回答。（班里、学校、小区、广场、公园、街道、路边等地方。）

主持人乙：这些公共设施为我们的生活带来许多方便。请同学们听听它们的自述吧。

生1：嗨！大家好！我是一个垃圾桶，我穿着绿色的外衣，我的朋友可谓是遍布天下。别看我是一个小小垃圾桶，身上有一点儿臭，可我的作用可大了。一句话：臭了我一个，幸福千万家。同学们，你们扔垃圾不要和我玩"投篮"游戏了。俗话说得好，"向前一小步，文明一大步"，不要再让我受到伤害了！

生2：我嘛，大家都认识，我是一个电话亭。无论在偏僻的农村，还是在繁华的城市，到处都可以看见我的身影，我是人们进行交往、联络的工具，我的作用可大了。"喂！急救中心吗？我家有位病人需要急救。""喂！119吗？这里有座楼房着火了，马上来急救！"一件件急事，一个个消息，都是我来向大家传递。有了我，人们还可以互通信息，交流感情，联系业务。

生3：大家好！我是一个平凡的路灯。我们的外形也是五花八门，应有尽有。每天太阳落山后，我们就开始工作了，就那样一动不动地值班，一直到天亮，累得我们真是腰酸背痛腿抽筋啊！可是，我们很快乐。因为我们的工作很有意义，每天默默无闻地为人类做出贡献：不管是行人，还是汽车、自行车、摩托车，只要有我们在的地方，他们行动起来就很自如，安全系数大大提升。但是在没有我们的地方，黑灯瞎火的，大家真是举步维艰。所以我们众兄弟姐妹，都尽量分布到各个角落，为人们送去光明。

生4：我是一个公交站牌，我像一座小房子，坐落在马路两边，当人们等候公交车时，可以从站牌上预知车辆的到站时间和距离。我给人们出门坐车带来了很大的便利。如果遇到风雨天，我还可以为你遮风挡雨。你们千万不要伤害我，我会为竭诚大家服务。

生5：你们好！我是一个健身器材，我朋友很多，遍布各个公园、广场、小区。我们的外形各式各样，用途也各不相同，深受人们的喜爱。你们要科学、合理地使用我们，我们会提高你们锻炼的效果，让你们拥有一个健康的身体。

主持人甲：听了这几位朋友的自述，你们想到了什么？学生发言：公共设施的作用真大，给我们带来了很大方便……

主持人乙：如果没有了这些公共设施，同学们想想，那我们的生活将会是什么样子？请同学们举例说明。

小结：出示课件5《记一记》。

公共设施是属于大家的，每个人在生活中都会用到它。如果少了它们，生活也会变得不方便。每个人在使用这些公共设施的时候都应该多留一份心，爱护它们，让它们更好的为大家服务。

2. 生活在线

主持人甲：这些公共设施给我们生活提供了很大方便，我们应该好好爱护它。对不对？但是呀，在我们的身边常常有这样的事情发生。大家请看这些图片。出示课件6~13，让学生观看。

主持人乙：看到这些图片，真是令人心酸啊！面对这样的现象，你会怎么想？怎么做？学生回答。

3. 自我剖析

主持人甲：在我们的身边有没有类似的事情发生呢？请你举例说明。（校内、校外事例。）

主持人乙：同学们，这些破坏公共设施的行为都是非常可耻的，它与我们美丽的校园和"8个好习惯"的要求是背道而驰的。我们要从我做起，爱护公共设施，绝不让这样的行为再发生。

主持人甲：让我们来朗诵一首爱护公共设施的儿歌。希望每个同学都能做到像儿歌中所说的那样。

4. 拍手歌（出示课件14）

《爱护公物人人夸》

公共设施种类多，各个作用都很大。

人人生活需要它，希望大家爱护它，

马路边上垃圾箱，纸屑废物它来装。

个头虽小作用大，我们不要欺负它。

桌椅板凳真辛苦，小朋友们来爱它。

不乱涂，不刻画，它对我们笑哈哈。

电话亭，用处多，方便大家通电话。

火警匪警它来报，消息灵通传万家。

路灯高，路灯亮，一到晚上来帮忙。

行人出门不恐慌，车辆通行不相撞。

健身器材用处大，科学合理使用它。

锻炼效果是最佳，身体健康顶呱呱。

公交站牌真漂亮，好似一座小楼房。

它给乘客挡风雨，大家不要伤害它。

公共设施为大家，方便你也方便他。

美化城市靠大家，爱护公物人人夸！

四、学生宣誓、签名（出示课件 15）

主持人甲：亲爱的同学们，公共设施是我们亲密的伙伴，我们的生活离不开它们，让我们行动起来，从我做起，从现在做起，去关爱这些不会说话的朋友吧！下面请同学们举起右手跟我一起宣誓。

爱护公共设施，我们要做到：小心使用，不要损坏；不在上面，乱涂乱画；不能摇晃，不要攀爬；利用周末，进行清洗；看见破坏，上前制止；爱护设施，从我做起。

主持人乙：听完大家铿锵有力的承诺，我也被感染了，心动不如行动，让我们一起来搞一个爱护公共设施从我做起的签名活动吧！学生纷纷签名。（出示课件 16）

五、班主任总结（出示课件 17）

同学们，听了你们的汇报，看了你们的表演，老师觉得这次班会开得非常成功。是啊，公共设施是为我们大家服务的，需要的也是我们大家的共同爱护。轻轻地摆放桌椅、轻轻轻地开关门窗，等等。这些事情看起来小，看起来简单，可是意义却十分重大，也是我们美好心灵的外在表现。让我们行动起来，爱护公物，从我做起，从小事做起，从身边做起，让我们的校园、我们的城市在每个同学的精心呵护下变得更加美丽！好吗？

六、宣布活动结束（出示课件 18）

活动点评：本次主题班会以"爱护公共设施，从我做起"为主题，这是学生"8个好习惯"中的第五个好习惯"遵守社会公德"中的内容。这节班会课，以学生"8个好习惯"养成教育为背景，通过我的自述、生活在线、自我剖析、学生宣誓签名等活动，使学生知道公共设施能给大家带来方便，公共设施是公共财产，人人都应该爱护它。懂得损坏公共设施是可耻的行为，爱护公共设施是一种美德。并号召每一个学生自觉行动起来，做一个爱护公物的小卫士。整节课教育指导性强，多媒体课件应用适当，值得学习。

《诚实守信，从我做起》主题班会课堂实录及点评

执教：张晓蕾　　记录及点评：路　德

一、主持人宣布活动开始

（合）四年级（1）班主题班会《诚实守信，从我做起》现在开始。

（男）我们是二十一世纪的新少年，担负着建设祖国的重任，是祖国未来的希望，我们从小就要学会做人，做个诚实守信的好孩子。

（女）今天，我们要在这里举行以《诚实守信，从我做起》为主题的班会，就是要大家理解诚信的含义，懂得做人的道理。

（合）让我们在家做个好孩子，在学校做个好学生，在社会做个好少年。时刻牢记：诚实守信，严于律己，真正做个祖国合格的接班人。

二、活动展开

1. 讲解诚信意义

主持人（男）：究竟什么是诚信？请看看大屏幕。

（课件出示：诚信，就是诚实、诚恳、信用、信任。生齐读）

主持人（女）：诚信有多重要？让我们来听一个小故事。

曾参是孔子的得意门生。一天他妻子要上集市买东西，儿子曾参哭闹着不让去，曾妻为摆脱儿子的纠缠，便哄骗他说："你在家好好玩，你爹回家让他杀猪给你煮肉吃。"等曾妻赶集回来一看，家里那只黑猪已变成一堆白肉。"你怎么把猪杀了？"曾子说："你既然已答应孩子了，就应该做到。今天你在孩子面前言而无信，明天孩子就会像你那样去哄骗别人。一头猪杀了是小事，教育孩子从小知道做人的根本，可是关系他一辈子的大事。"

主持人（男）：如果当时曾子和妻子不讲信用没有杀猪给孩子吃，可能会怎样呢？

生：他们的孩子长大了可能就变成一个不讲信用的人等。

主持人（女）：那你觉得曾子是一个怎样的人呢？

生：我认为曾子不仅是个诚信的人，而且是一个很伟大的父亲。从古至今，为人诚实的人，都能得到别人的尊重和信任。

主持人（男）：对呀！曾子希望他的孩子诚实，所以以身作则，给孩子做了好榜样！

主持人（女）：同学们，现在，你们认为诚信重要吗？（指名答）

主持人（女）：刚才我们看的，是父母对孩子讲诚信，那孩子对父母要不要讲诚信呢？（生：要！）

对老师呢？（生：也要！）

对同学朋友呢？（生：要！）

主持人（男）：接着我们听第二个小故事——《司马光诚对买马人》。

宋神宗时，司马光说要闭门著书，吩咐家人将他的马卖掉。家人与一位老者谈妥五十钱，第二天成交。司马光听了家人的汇报后说："这马有病，明天你要对买主说清楚，这马有肺病。"家人说："做买卖，哪有全说实话的？"司马光说："话可不能这么说，让人家用一匹好马的钱买一匹病马，这不是骗人是什么？这样的事咱不能干。"左邻右舍知道这件事后，纷纷称赞司马光为人诚实。

《我不能失信》主要讲的是宋庆龄奶奶小时候诚实守信的事。有一次，宋庆龄一家要去伯伯家，宋庆龄也非常想去，因为伯伯养了几只可爱的鸽子，还答应送一只给宋庆龄。可真当全家要出门时，宋庆龄突然想起下午还要教同学小珍折花篮，于是就毫不迟疑地决定留下来等小珍。家人劝说宋庆龄可以向小珍说明情况改天再教，可宋庆龄怎么也不答应。她说，答应了别人的事，一定要做到，不能失信。

宋庆龄奶奶那么小的时候就这么守信，真是我学习的榜样。

主持人（女）：听了这些诚信的故事，相信同学们从中都能获得许多启示。

谈启发

我想起了昨天的一件事：早上，我让妈妈十点二十五分来接我，可当妈妈准时来接我时，我因为正和同学打球，就赖着不肯走，让妈妈一等再等。现在想想太不应该了。我为了自己玩得痛快就把自己说的话抛在一边让妈妈等，我是玩痛快了，可妈妈却浪费了很多时间，我还成了一个说话不算话的孩子，以后妈妈还会相信我的话吗？

主持人（男）：请同学们把自己搜集到的有关诚信方面的名言和大家分享吧！

如果要别人诚信，首先要自己要诚信。——莎士比亚

失足，你可能马上复站立，失信，你也许永难挽回。——富兰克林

失去了诚信，就等同于敌人毁灭了自己。——莎士比亚

诚信是人最美丽的外套，是心灵最圣洁的鲜花。

诚信像一面镜子，一旦打破，你的人格就会出现裂痕。

生活是需要诚信的，有了诚信才会有幸福可言。

主持人（女）：诚信，是我们成长路上美丽的种子，只要你用心浇

灌，就会绽放出美丽的花朵。你来说说诚信还是什么？让我们来为诚信做广告吧！

学生说诚信的名言，或者是自己对诚信的理解。

乙："同学们说得多好呀！诚信是不能和利益一样放到天平上去称的。"

甲："诚信是提醒同学们休息的悦耳的铃声。"

乙："诚信是我每天交给老师工整的作业。"

让我们齐诵《拍手歌》，把诚信牢记在心中。

拍 手 歌

你拍一，我拍一，不睡懒觉早早起。

你拍二，我拍二，别人玩具不乱拿。

你拍三，我拍三，借了东西要归还。

你拍四，我拍四，做错事情要承认。

你拍五，我拍五，帮助别人要热心。

你拍六，我拍六，朋友团结又友爱。

你拍七，我拍七，水电粮食要珍惜。

你拍八，我拍八，爱护公物不损坏。

你拍九，我拍九，升国旗时要立正。

你拍十，我拍十，人人都要讲诚信。

主持人（男）：听到同学们的回答，老师们、家长们一定很高兴。但是我们班的同学是不是确确实实都能够做到讲诚信呢。

下面，请大家看大屏幕，把屏幕上的题目答案一项项地写在你们手中的"诚信种子"上。大屏幕出示前 5 个问题：

① 捡到钱之后，你是会上交还是自己用掉？

② 考试的时候你有一道题不太会，这时你会作弊吗？

③ 说出你最喜欢和最不喜欢的一门学科的名字。

④ 你平时有没有做过对家长不诚信的事？

⑤ 说出自己的一个缺点。

大屏幕出示最后一个问题：

⑥ 你是否诚实回答了以上的题目？

主持人（女）：如果你诚实地回答了所有问题，把你们的花朵举起来让大家看看好吗？（生齐举花朵）

主持人（男）：很高兴看到同学们的"诚信种子"都开出了"诚信之花"。下面请听快板《诚信如歌》。

红领巾，红似火，"诚信"二字记心窝；

言必行，行必果，说了就要努力做，"诚信"塑造你和我。

讲诚信，有自尊；目光里，有自信；行动中，有把握；生活中，有朋友；同学们，手拉手，争做诚信小公民。

主持人（女）：说到"诚信"，它是古人推崇的一种人格境界，它要求人们真实无妄，诚实无欺。诚信是一种个人修养，也是一种道德行为。我也搜集了一些关于诚信的名言。读大屏幕。

主持人（男）："诚实守信"对一个人的成长和成功都极其重要。这些伟人、名人正是养成了诚实守信的好习惯，最终成就了他们伟大的一生。他们都能够诚实守信，更何况我们？

主持人（女）：是啊，"好习惯，益终身"。良好的行为习惯对于我们小学生来讲，尤为重要。

主持人（男、女）：下面，让我们一起饱含热情地朗诵这首《诚信歌》吧！（生齐诵）

大屏幕出示《诚信歌》：

你诚信，我诚信　心口如一最要紧

不说谎，不瞒欺　实话实说才文明

你真心，我真心　真心才能换真情

少绕许多弯弯路　多了许多朋友亲

　　诚如金，信如金　　是公是私要分明

　　你力行，我力行　　坚持做好齐奋进

　　公道正直在人心　　谨守诚信处处赢

2. 辅导员讲话

亲爱的队员们，今天的队会开得很好。诚信，是我们成长路上美丽种子，只要你用心浇灌，就会绽放出美丽的花朵。希望同学们常常浇灌自己心中的诚信之花，让我们从小事做起，从身边的事做起，培养自己诚实守信的美德，一起做诚实守信的好孩子吧！

活动点评：本次主题班会以"诚实守信"为主题，通过《曾子杀猪》《司马光诚对买马人》和《我不能失信》三个故事，让学生明白故事的内容和意义，让同学了解诚信，并指导学生在生活中做到诚信。班会内容丰富、教育性强，学生自己主持，班主任小结，培养了学生的自我管理、自我发展的能力。

《我们从小讲文明、懂礼貌》主题班会实录及点评

执教：杨学华　　记录及点评：路　德

一、学习"四好少年"的内容

主持人甲：2009 年的秋天，历史的巨笔写下了令人瞩目的一封信。

主持人乙：胡锦涛总书记的争当"四好少年"的号角吹遍祖国大地。

甲：又如涓涓的细流流淌在每个少先队员的心间。

乙：结合十二小学"8个好习惯"的培养目标，在学校，在班级，人人争做好少年。

甲：同学们，你们知道"四好少年"的内容吗？

争当热爱祖国、理想远大的好少年；

争当勤奋学习、追求上进的好少年；

争当品德优良、团结友爱的好少年；

争当体魄强健、活泼开朗的好少年。

乙：同学们，刚才从你们整齐有力的朗读中，我感受到了你们对争当"四好少年"的信心与决心。

甲：现在，让我们再次用动人的歌声来表达我们的决心，唱出我们的激情。请听歌曲《争当四好少年》。

乙：围绕"四好少年"的内容，我们要做讲文明，懂礼貌的好学生。

合：现在宣布二（6）班《我们从小讲文明懂礼貌》主题班会现在开始。

甲：我们是祖国的小雏鹰，

乙：文明之花在心中开放。

甲：我们是21世纪的主人，

乙：我们要做21世纪文明的人。

甲：做文明的人要有良好的行为，

乙：做文明的人要有良好的习惯。

甲：做到这些，需要克服许多困难，

乙：做到这些，养成教育是关键。

二、观看录像，树立榜样

甲：接下来让我们观看故事《孔融让梨》。希望同学们用心观看，待会交流观后感。

1. 观看录像。

2. 同学们各抒己见。

三、讲文明篇

甲：妈妈常说，中国是文明古国。

乙：爸爸常讲，我国是礼仪之邦。

甲：老师告诉我们，知书达理儿时起。

乙：我们告诉自己，文明礼貌要发扬。

甲：请听故事《让座》。

甲：文明礼貌花儿好。

乙：文明礼貌花儿美。

甲：礼貌待人好习惯。

乙：文明花朵人人赞。

合：让文明之花开满校园，更加鲜艳，更加灿烂。

甲：请欣赏小快板《把文明送给别人》。

    小学生，懂礼貌，礼貌用语记得牢。

    感谢别人说"谢谢"，早晨见面说"您早"，

    表示道歉"对不起"，别后重逢说"您好"，

    向人问事用"请问"，分别再见把手招。

    别人工作或休息，禁止说笑莫打扰。

    骂人本来不道德，打架更是不礼貌。

    心平气和讲道理，友好相处团结好。

    礼貌待人好习惯，文明花朵人人赞。

甲：只有尊重别人的人，才可能正视别人的意见。

乙：不尊重别人，就没有人愿意指点他、教育他。

甲乙：让我们讲文明、讲礼貌、尊重他人，使我们的学校成为和睦的大家庭。

四、尽展风采

师：小朋友的表演真精彩，下面让我们一起交流身边的美好品德、美好形象、美好言行。（出示课件）

甲：请同学们用掌声感谢老师送给我们的礼物，下面请大家欣赏小品《课间活动》。

乙：同学们看完这个小品你有什么想法呢？请大家说一说。

甲：谢谢同学们的评论，老师把刚才大家做的这些内容整理成了一首童谣《一点儿》。

乙：请全体起立，让我们一起朗诵歌谣《一点儿》。

每天早晨起早点儿，红领巾戴齐点儿。见到老师礼貌点儿，打扫卫生积极点儿。

楼道走路安静点儿，上课听讲专心点儿。发言声音洪亮点儿，作业写得工整点儿。

帮助同学热心点儿，同学之间友善点儿。接受批评虚心点儿，改正错误及时点儿。

智力游戏多玩点儿，课外好书多读点儿。爱护花草主动点儿，文明歌谣记牢点儿。

甲：谢谢同学们的表演，希望同学们永远牢记这首童谣，在生活中能身体力行。

乙：无论在家里还是在学校，我们都应该讲文明，懂礼貌。

甲：朝霞托着红日，从东方徐徐升起。

乙：一个光辉灿烂的日照洒满大地。

甲：小雏鹰飞得高，红领巾，胸前飘，讲文明，讲礼貌。让我们同唱礼貌歌曲《咱们从小讲礼貌》。

合：让我们插上文明的翅膀，飞向蓝天，飞向美好的未来。

五、班主任讲话

甲：下面有请班主任郭老师作总结讲话。

同学们，祝贺你们成功地召开了这次班会。希望你们从自我做起，从身边的小事做起，讲文明，用文明，真正成为 21 世纪，文明的小主人！谢谢大家。

六、宣布结束

甲：同学们，让我们携起手来，从生活中一点一滴的小事做起，从我做起，从现在做起，告别不良习惯，改掉恶习，争做文明学生吧！

合：二（6）班《我们从小讲文明懂礼貌》主题班会到此结束，谢谢大家！

活动点评：本次主题班会以"我们从小讲文明懂礼貌"为主题，这是学生"8个好习惯"养成教育的内容。教师通过这节班会课，使学生对文明礼仪有更明确的认识，体会到文明的重要性。培养学生从现在做起，从自我做起，从一点一滴做起，努力提高自己的文明修养。让学生摒弃自己原有的坏习惯、小缺点，发扬自己的好品行、小优点，不断地向优秀看齐，向榜样学习。人人争做讲文明，讲礼貌的好学生。

"遵守公德，从你我做起"主题队会设计及点评

执教：马立荣　　点评：路　德

一、活动目标

认知：1. 知道什么是社会公德和社会公德的基本要求；

　　　2. 懂得遵守社会公德的重要性。

情感：1. 愿意自觉遵守社会公德；

　　　2. 厌恶不遵守社会公德的行为。

行为：1. 自觉遵守社会公德；

　　　2. 敢于批评不遵守社会公德的人和事。

二、活动过程

1. 中队长牛瑞雪整队。

2. 第一小队、第二小队、第三小队、第四小队依次向中队长报告人数。

3. 中队长向辅导员报告人数。

4. 中队长宣布：六三中队《遵守公德，从你我做起》主题队会，现在开始！

第一项：出旗，全体队员起立，敬队礼。播放《少先队出旗曲》。

第二项：唱队歌。同时播放《少年先锋队队歌》伴奏曲，全体少先队员齐唱。

第三项：开始活动！请主持人樊士煜和王佳妮上台。

主持人王佳妮：请同学们先来看一段视频。出示公益广告公德视频。看完三段视频后你知道什么是公德吗？（出示）

小结：我认为社会公德就是公民在社会中应该遵守的行为准则。

主持人樊士煜：原来这就是公德。下面请看情景剧《公德，就差这一点》两组学生上台表演。看完后相信同学们都想表达自己的看法吧，你想说些什么呢？

主持人王佳妮：刚才的情景剧都是校园内不遵守公德的现象，校园外又有哪些不文明的现象呢？请看图片。（出示图片）看了图片后，你知道他们错在哪里吗？是的，公德就在你我身边。

主持人樊士煜：我们都应该做遵守公德的小主人，让我们说一些警示语来提醒更多的人遵守公德。其实我们十二小对遵守公德也有具体的要求，让我们也来读一读。（出示十二小遵守公德要求）

第四项：请辅导员孙老师讲话！

辅导员："刚才同学们通过各种形式的活动让我们明白了公德的真谛。勿以善小而不为，勿以恶小而为之。从你我做起，从小事做起，从现在做起，加强自身修养，自觉提高公德意识，增强社会责任感。"

第五项：呼号。"请辅导员孙老师带领我们呼号，全体起立。"

辅导员："请举起右拳，跟我呼号：时刻准备着为共产主义事业而奋斗！"

全体学生回答："时刻准备着！"辅导员落下右拳，少先队员随之落下右拳。

第六项：退旗，敬礼！播放退旗曲。退旗曲停，中队长发出"礼毕"口令，全体队员、辅导员礼毕。

中队长："六（3）中队'遵守公德，从你我做起活动'主题队会到此结束！"

活动点评："遵守公德"是学生"8个好习惯"之六，这节队会课以"遵守公德，从你我做起"为主题，通过观看情景剧、不文明现象图片，说警示语，读公德要求等活动，很好地落实了这个好习惯，不仅让学生知道什么是社会公德和社会公德的基本要求，而且让学生懂得遵守社会公德的重要性，并愿意自觉遵守社会公德，厌恶不遵守社会公德的行为，敢于批评不遵守社会公德的人和事。

"不乱扔垃圾"主题队会设计及点评

执教：余文香　　点评：路　德

一、活动目的

通过活动，使学生初步养成良好的卫生习惯。具有环保意识，倡议学生从自我做起，从现在做起，共同建设美丽干净的校园。

二、活动准备

1. 收集或创作有关《不乱扔垃圾》为主题的标语。

2. 学习《校园环境拍手歌》。

3. 课后讲述《福特的故事》。

三、活动过程

(一) 队会开始

中队长：整队，报告人数，宣布主题队会开始！

第一项：出旗，全体队员起立，敬队礼。

第二项：唱队歌，课件《中国少先队队歌》。

第三项：主持人甲、乙上场，并作自我介绍。

合：尊敬的老师、亲爱的同学们大家好，四年级二班《不乱扔垃圾拾起地面垃圾》主题队会现在开始。

(二) 身边的不文明现象

1. 看一看：播放视频（出示课件 1）

同学们，这些天我发现我们班同学在学校的一些不良的生活习惯，我把它拍下来了，请看录像，一位男同学把垃圾扔在走廊里。

2. 说一说

甲：我发现在观看录像的过程中，有些同学脸红了，觉得有点不好意思了。像这样不爱护校园环境的事情在咱们班其他同学身上也发生过，是吧？今天我们的主题班会就从这件小事谈起。

大家先说说录像中的这位同学做得对不对？假如是你，你会怎么做？（学生发言。）

乙：嗯，看来，大家都是一群懂事的环保小卫士。

3. 找一找

甲：那么，现在，就让我们睁大发现的眼睛，看看在平日的校园中、生活中还有没有类似的不文明现象发生过？现在，你想对这些破坏环境的那些人说点什么？（学生查找，并说想说的话。）

4. 讲一讲

甲：看来这种不文明的行为大家都发现了，但这毕竟是少数，大多数人还是注重保护环境卫生的，在校园中，在生活中，你也看到过不少爱护环境卫生的人或事，你能讲给大家听听吗？（学生讲。）

乙：老师也在无意中拍到了几组最美的镜头。看看其中有没有你？有没有你认识的人？

播放幻灯片：学校同学们和校工、清洁工打扫卫生的图片。

甲：看了这些图片，请同学们一定知道以后怎么做了。让我们一起唱起校园拍手歌。

5. 唱一唱：爱护校园环境《拍手歌》：你拍一，我拍一，……

6. 写一写（标语征集。）

甲：为了让同学们马上行动起来，把地上看到的每一片纸屑，每一个水瓶都拾起来。

乙：我倡议我们举行一次标语征集活动，请同学们自由说一说。

伸伸手、弯弯腰，拾起的是垃圾，收获的是美德！

顺手捡起的是一片纸，纯洁的是自己的心灵。

……

（三）活动结束

1. 请辅导员马老师讲话。

2. 辅导员马老师带领学生呼号。

3. 退旗。

4. 宣布：四（2）中队《不乱扔垃圾》主题队会到此结束。

活动点评： 这节主题队会课，以"不乱扔垃圾"为主题，很好地落实了"8个好习惯"之二"干净上学"，通过看一看、说一说、找一找、讲一讲、唱一唱、写一写等形式的活动，指导学生初步养成良好的卫生习惯，具有环保意识，倡议学生从自我做起，从现在做起，共同建设美丽干净校园。

"公交车上讲文明"主题班会设计及点评

执教：秦晓娟 点评：路 德

一、活动目的

通过本次班会活动对学生的乘车行为进行规范指导，让学生通过教师引导、交流发现乘车的陋习、背诵礼仪要求歌，形成"文明乘车"的良好习惯。

二、活动过程

（一）主持人讲话

文明是什么？文明是一种修养，文明是一种受人尊敬并被大家广泛推崇的行为。所以我们要从小讲文明，懂礼貌。"公交车上讲文明"主题班会现在开始！

1. 主持人：同学们，你知道我们在乘车的时候应该注意什么吗？

同学：回答，补充（不打闹、不拥挤、排队上车、不抢队⋯⋯）

2. 下面是我们有些小学生挤车镜头：

3. 主持人：现在司机反映只要学生们上了车，车内立刻就"炸了锅"。他们有的会把头和手都伸出窗外，有的则是三三两两聚在一起打闹，有的小学生甚至还在车里上蹿下跳，还有学生故意不扶车把手。"万一急刹车人没站稳的话，很容易摔倒，磕了碰了的该咋办啊？"车上的其他乘客看到后也替他们担心。

4. 主持人：文明乘车反映出的是我们每个人的素质，更关系着我们每个人的安全和家庭的幸福快乐。我们把文明乘车编了一首儿歌：

同学们，要记牢，候车地，不乱跑。

果皮纸屑不乱扔，上下车时队排好。

上了车，不乱跑，自觉投币或刷卡。

车厢里，不大叫，安安静静秩序好。

有座位，不去抢，老人孩子照顾到。

下车时，不拥挤，耽误时间易摔跤。

讲文明，讲礼貌，开开心心上学校。

（齐读儿歌）

5. 主持人：我们少先队员从小不仅要学好文化知识，还要自觉加强道德修养，讲礼貌，懂礼仪，做一个文明少年。其中就包括了文明乘车礼仪，我们班有不少同学是乘坐公交车上学的，那你们平时乘坐公交车时都是怎么做的呢？学生自由发言。

6. 主持人：我们班的同学真是有礼貌的好孩子！真棒！

刚才同学们的发言主要包括了：

1. 站台候车不乱跑。候车时要站在站台上或马路边，切勿站在行车道上，不打闹、不追逐，以防车辆到站时危及人身安全。

2. 按序不拥挤。车辆到站时，要等车辆停稳后依次上车，不拥挤，不随车奔跑。

3. 上车后自觉投币或刷卡，不紧靠车门，以防关门时被夹伤或开门时摔下车。

4. 礼让他人不抢座。要弘扬雷锋精神，主动为老、弱、病、残、孕妇及怀抱婴儿的乘客让座，养成关爱他人、奉献社会的文明习惯。

5. 文明乘坐不喧哗。乘车时不要将头和手伸出窗外，以防被过往车辆、树枝挂伤；在车厢内，不高声喧哗，不打闹。抓牢扶手，以防紧急刹车时摔伤。保持车内卫生，不乱扔杂物，不乱写乱画。

6. 下车后遵守交规保安全。遵守交通法规，下车后需横过道路的，要从人行天桥、地下通道或人行横道线上通行，切勿随意横过道路，确保出行安全。

（二）班主任总结，颁发好习惯荣誉证书

同学们，通过本次班会的学习我们再一次重温了乘车的细则，今后我们应做到文明乘车，安全自己也方便他人，为校园里的小朋友树立好榜样。

活动点评：文明是一种修养，文明是一种受人尊敬并被大家广泛推崇的行为。所以我们要从小讲文明，懂礼貌。"公交车上讲文明"这节主题班会以我们在乘车的时候应该注意什么进行讨论，以小学生挤车镜头回放，让孩子谈感受，谈平时的做法，辨别哪些行为是对的，哪些行为是错的，自觉进行改正。不仅落实了学生"8个好习惯"之一"礼貌待人"，而且对指导学生今后自觉遵守公交车秩序具有很深远的意义。

"文明礼仪伴我行"主题班会设计及点评

执教：李春燕　　点评：路　德

一、活动目的

1. 通过看录像、听录音、阅读材料、讨论等系列活动，使学生懂得我们中华民族是世界闻名的礼仪之邦，讲文明礼貌是中华民族的优良传统，是做人的美德，更是一个现代文明人必须具备的美德。

2. 通过主题班会活动，使学生继承优良传统美德，增强爱国情感，从小养成良好的行为习惯，初步树立社会责任感。

3. 把礼仪常规贯穿到歌谣、小品、朗诵等各种表演形式之中，让学生受到情趣的熏陶和思想品德的教育，懂得礼仪对于每个学生成长的重要性。

二、活动准备

1. 开班会前，做好前期铺垫：搜集中华文明礼仪的故事等资料；调查争做文明学生的做法。

2. 关于小学生礼仪的音像、文字材料。

3. 环境布置（黑板、场地等）。

4. 组织学生准备有关节目。

三、活动过程

（一）活动导入（班主任）

中国自古以来就是礼仪之邦，文明礼貌是中华民族的优良传统，作为新一代的少年儿童，我们更不能忘记传统，应该力争做一个讲文明、懂礼貌的好学生，让文明之花常开心中，把文明之美到处传播！现在我宣布：《文明礼仪伴我行》主题班会现在开始。

（二）活动开始

1. 家庭文明礼仪

主持人张：中国是一个有着几千年文明历史的古国，文化源远流长。作为礼仪之邦，中国历史上有很多故事至今仍感化着我们，下面请听历史故事：《孔融让梨》（刘宇佳）、《黄香诚心敬父母》（刘新培）。

孔融小时候聪明好学，才思敏捷，巧言妙答，大家都夸他是奇童。4岁时，他已能背诵许多诗赋，并且懂得礼节，父母亲非常喜爱他。一日，父亲买了一些梨子，特地拣了一个最大的梨子给孔融，孔融摇摇头，却另拣了一个最小的梨子说："我年纪最小，应该吃小的梨，你那个梨就给哥哥吧。"父亲听后十分欣慰。孔融让梨的故事，很快传遍了曲阜，并且一直流传下来，成了许多父母教育子女的好例子。

过去汉朝的时候，有一个叫黄香的孩子，是江夏人。他九岁时，已经懂得了服侍父母。每次当炎炎夏日到来的时候，就给父母的蚊帐扇风，让枕头和席子清凉爽快，把吸人血的小虫和蚊子扇开，让父母好好睡；到了寒冷的冬天，就用自己的体温使他父母的被子暖和，让父母睡得暖和。于是黄香的事迹流传到了京城，号称"天下无双，江夏黄香"。

主持人尹：听完这两个小故事，同学们觉得在生活中我们应该怎么对待我们的父母和兄弟姐妹？（小组讨论）学生自由发言。（表演结束）

主持人张：通过这个小品，大家认为该如何与小伙伴相处？

学生自由发言。

主持人尹：如果家里来了客人我们应该怎么做呢？下面请欣赏小品《家里来客了》。

2. 校园文明礼仪

主持人张：中国是一个有着几千年文明历史的古国，文化源远流长"礼学"是中国文化的重要组成部分。在中国，自古以来，讲究做人要懂得礼貌谦让，因此中国被称为"文章华国，诗礼传家"，被称为"文明礼仪之邦"。

主持人张：中国古代的礼仪规范不断发展改革形成了我们的现代文明礼仪，在校园这个既庄严又活泼、既紧张又文明的环境中，我们少先队员不仅要学好文化知识，还要自觉加强道德修养，讲礼貌，懂礼仪，做一个文明少年。礼仪举止包含了许多内容，你知道那些校园礼仪吗？谁愿意说给大家听？

学生自由发言。

主持人尹：规范的校园礼仪是怎样的呢？下面请欣赏岳炀表演的几种最基本的礼仪形式。

表演校园礼仪：正确的走姿、正确的站姿、正确的坐姿、交往礼仪、课堂礼仪、课间礼仪、递物与接物。

主持人张：这是我们常用的校园礼仪，对于我们小学生，《小学生日常行为规范》也提出了明确的要求。请听《小学生日常行为规范三字歌》

学生朗诵《小学生日常行为规范三字歌》。（出示课件）

主持人尹：我们共同生活在这所美丽的校园里，我们应该和谐相处。在前段日子里，我们班里出现了几幕这样的情景，请看小品《课间活动》

表演结束：张：同学们对这种现象有什么看法？我们应该怎么做？

学生自由发言。

（表演结束）尹：根据我们的资料和调查，总结了简单易记的《文明礼貌三字经》，大家一起来读一读。（学生齐读）

（三）活动总结

主持人张：同学们，今天我们学习了很多礼仪方面的知识，作为一名新时代的少先队员，我们要做到遇到师长、来宾，主动敬礼问好；上下楼梯，人多拥挤，注意谦让，靠右行走，保障畅通；讲究卫生，不乱扔果皮，见到纸屑随时捡；爱护公共财物，不乱写乱画，严格遵守学校规章制度，相互监督，共同促进，争做一个讲文明、懂礼仪的好学生。

（四）班主任讲话

亲爱的同学们，文明礼貌是一粒最有生命力的种子，作为一名学生，作为中华民族的后代，我们有义务、有责任弘扬我们的礼仪传统，树立良好的自身形象。只要心里播下这粒种子，它就会在我们的精神世界里生根、开花、结果，那么我们的社会就会更美好！希望通过这次活动，能让我们真正理解文明礼仪的重要性，让我们把文明的种子撒遍生活的每一个角落，让文明之花越开越盛，开遍家庭、校园、社会！

（五）活动结束

文明礼仪使有礼貌的人喜悦，也使那些受人以礼相待的人们喜悦。那么就让我们每个人都从小事做起，从我做起，让文明礼仪与我们同行！

主持人尹："文明礼仪伴我行"主题班会到此结束。

活动反思：文明礼貌是中华民族的传统美德，作为一名学生，作为中华民族的后代，我们有义务，有责任弘扬我们的礼仪传统，树立良好的自身形象。《文明礼仪伴我行》这节主题班会课，通过看录像、听录音、阅读材料、讨论等系列活动，使学生懂得我们中华民族是世界闻名的"礼仪之邦"，讲文明礼貌是中华民族的优良传统，是做人的美德，更是一个现代文明人必须具备的美德。通过主题班会活动，不仅落实了学生"8个好习惯"之一"礼貌待人"，而且促使学生继承优良传统美德，增强爱国情感，从小养成良好的行为习惯，树立社会责任感。

"诚信是金"主题班会设计及点评

执教：刘慧芬　　点评：路　德

一、活动目标

1. 让同学了解诚信。

2. 使同学在生活中做到诚信。

二、活动步骤

主持人（女）：老师们，同学们，大家上午好。感谢同学们对本次班会支持与参与；对在百忙之中出席我们的班会的老师们，我们更表示衷心的感谢及热烈的欢迎！【鼓掌】

主持人（男）：古今中外，没有人不讴歌诚信，没有人不仰慕诚信，没有人不推崇诚信。

主持人（女）：中国人说，"人无信而不立"。

主持人（男）：英国人说，诚信是人最美丽的外套，是心灵最圣洁的鲜花。

主持人（女）：日本人说，不守信的人，做任何事情都不会成功。

主持人（男）：说起来，诚信离我们很远，它是一个道德范畴，沉淀了千百年的丰富内涵。

主持人（女）：实际上，诚信离我们很近，它约束着贪婪的灵魂，无时无刻不在影响着我们的生活。

主持人（男）：今天，就让我们一起揭开诚信的面纱，窥探其中的奥妙!

主持人（女）：我宣布——

合：十二小学五（2）班《诚信是金》主题班会，现在开始！

（一）诚信的含义

主持人（男）：你知道诚信吗？

主持人（女）：（解释来源）"诚"与"信"作为伦理规范和道德标准，在起初是分开使用的。最先将"诚"与"信"连在一起使用的是在《逸周书》中出现 "诚"即诚实诚恳，"信"即信用信任。

主持人（男）：简而言之，诚信就是不说谎，讲信用，强调人与人之间应该真诚相待。

（二）"诚实守信"的名言、故事

主持人（女）：那么接下来谁来分享他搜集的诚信名言。

主持人（男）：我们俩也为大家带来了几条诚信名言。（课件展示）

主持人（女）：看看吧，诚信何其可贵，何其重要。诚信不可抛！唯有诚信，才能让你的生命如一股清泉，沁人心脾，永不枯竭！

主持人（男）：接下来请同学们讲讲古今中外"诚实守信"的故事。

1. 由同学×××为大家讲述《曾子杀猪》。

在我国古代就有很多诚信的小故事，如《曾参杀猪》。

曾参，春秋末期鲁国有名的思想家、儒学家，是孔子门生中七十二贤之一。他博学多才，且十分注重修身养性，德行高尚。

有一次，他的妻子要到集市上办事，年幼的儿子吵着要去。曾参的妻子不愿带儿子去，便对他说："你在家好好玩，等妈妈回来，将家里的猪杀了煮肉给你吃。"儿子听了，非常高兴，不再吵着要去集市了。

这话本是哄儿子说着玩的，过后，曾参的妻子便忘了。不料，曾参却真的把家里的一头猪杀了。妻子从集市上回来后，气愤地对丈夫说："我是哄儿子说着玩的，你怎么就真把猪杀了呢？"

曾参说："孩子是不能欺骗的！他不懂事，还没有辨别能力，所以什么都跟父母学。你现在哄骗他，等于是在教他学会欺骗。再说，你现在欺骗了孩子，孩子以后自然也就不相信你了，你以后还怎么教育孩子？"

主持人（女）：是呀，老师，家长是孩子的榜样。如果要教育孩子诚信，首先要自己讲诚信。谁还带来了诚信的故事，请与大家分享。

2. 林海燕的故事

主持人（女）：林海燕这个真诚得有些'愚蠢'的普通人，让我们知道了会发光的东西不一定是金子，一颗真诚美好的心灵也会闪闪发光。谁还带来了诚信的故事？

3. 与猪亲吻，只为一诺千金。

主持人（男）：真是君子一言，驷马难追呀！诚信不分国界，谁还有诚信的故事？

4. 季礼挂剑的故事

主持人（女）：诚信不仅是一种品行，更是一种责任；不仅是一种道义，更是一种准则；不仅是一种声誉，更是一种财富。

主持人（男）：就个人而言，诚信是高尚的人格力量；就企业而言，诚信是宝贵的无形资产；就社会而言，诚信是正常生产生活的秩序；就国家而言，诚信是良好的国际形象。

（三）小品欣赏

主持人：下面请欣赏小品《反正没人看见》，希望给大家带来思考与启迪。

（学生表演）

主持人：看了刚才的小品，请大家各抒己见，发表你的看法。

主持人（女）：当今社会，有许多不守诚信的人，而不守诚信究竟会给我们带来许多危害。

主持人："地沟油事件""海尔砸冰箱事件""三鹿奶粉事件""台

湾毒面粉事件""问题猪油事件"等等这些都是诚信缺失带来的恶果。

主持人（女）：诚信不仅是道德准则，更是经商之魂。一个人不守信，得到的只能是唾弃；一个企业不守信，得到的不仅是社会的谴责，更有可能是法律的制裁。

那么作为我们小学生应该怎样做呢？请看大屏幕。

（四）讨论交流（课件出示问题思考）

主持人（女）：大家说得不错。

主持人（男）：践行诚信，是简单而不简单的。简单的是一时性起，不简单的是坚持一生。

主持人（女）：

主持人（男）：看来同学们对诚信都有所领悟了。让我们送走过去，迎接未来！

主持人（男）：丢掉过往的阴霾，希望诚信那道美丽的虹常悬大家心中。

主持人（女）：丢掉曾经的谎言，祝愿诚信化作阳光照亮大家一生！

（五）诚信诺言

主持人（男）：让我们在希望的歌声中迎来这次班会的尾声——下面让我们一同在《诚信中国》的歌声中写下自己的诚信诺言吧！

主持人（男）：在优美的歌声中，我们的班会即将结束。

主持人（女）：我们作为当代小学生，不能空谈。要切实做到讲诚信，就要先从最小的诚信做起，从最小的不诚信改起。

主持人（男）：请全体起立：大声宣读我们的诚信宣言——

主持人（女）：我宣布——

合：第十二小学五（2）班《诚信是金》主题班会，到此结束，谢谢各位同学及所有到场老师，谢谢！

主持人（男）：最后有请班主任总结本次班会。

（六）班主任小结

诚信，是全社会关心的话题。但往往在生活中，同学们就未必能真正做到。

无论在哪个年代，坚守承诺是支撑人性的基石。这次活动，不仅要让同学们在头脑中树立起诚信的意识，更重要的是提醒同学们在实际生活中以诚信的准则来约束自己的诸多行为。希望我们五（2）班每位同学都拥有一颗美好而真诚的心

活动点评：人无信而不立，言而无信者一事无成，诚信是做人根本的第一条准则，也是成大事必须具备的优秀品格；诚信既是成功的最大资本，也是为自己赢得有利筹码的必要条件。"诚信是金"这节主题班会，通过"诚实守信"的名言、故事、小品、诺言等内容的学习、讨论，不仅落实了学生"8个好习惯"之四"诚实守信"，而且让学生认识到：我们作为当代小学生，不能空谈，要切实做到讲诚信，就要先从最小的诚信做起。

第六节　《小学生"8个好习惯"养成教育培养目标实施研究》课题研究结题证书

第四章

"8个好习惯"养成教育实践总结

小学生"8个好习惯"养成教育实践与探索

刘　晖

　　小学阶段是孩子良好习惯形成的关键时期，让学生在小学成长过程中养成一系列做人、做事、学习等方面的良好习惯，是培育和践行社会主义核心价值观，落实立德树人的根本任务，提升新时代小学生思想品德素养的具体体现，对学校、家庭乃至社会教育都有着极其重要的意义。《中共中央关于加强和改进中、小学德育工作的通知》中指出："德育对中、小学特别是小学生更多的是养成教育。"为此，学校从实际存在的问题出发，提出了小学生"8个好习惯"养成教育培养目标，即礼貌待人、干净上学、学会学习、诚信做人、自我管理、遵守公德、增强体质、安全自救"8个好习惯"，96个教育点。并通过学校有计划、有步骤地组织落实、评比考核、创新实践等，促进小学生"8个好习惯"养成教育工作的深入开展，并取得了一定的教育成效。

一、整体规划，为小学生"8个好习惯"养成教育搭建平台

（一）制定规划

制定《小学生"8个好习惯"养成教育培养目标》《小学生"8个好习惯"养成教育实施方案》和《小学生"8个好习惯"养成教育形成性评价实施办法》三个文件，编辑了《学生"8个好习惯"养成教育实施手册》，全面规划养成教育工作。

（二）建章立制

开展小学生"8个好习惯"养成教育培养目标建章立制工作。制定《小学生"8个好习惯"养成教育培养目标规范化要求》6个方面，60项内容，即学校德育管理规范化要求，小学生礼仪、卫生、自我管理规范化要求，班级管理规范化要求，小学生学习规范化要求，小学生安全教育规范化要求，并编辑成册。

（三）启动实施

召开学生"8个好习惯"养成教育活动启动会，开展学生"8个好习惯"养成教育教师、学生、家长签名活动，开展学生"8个好习惯"养成教育实施教师培训活动，形成学校、家庭和社会对学生良好习惯的教育合力。

（四）开发课程

开发编辑小学生"8个好习惯"养成教育德育校本课程系列教育丛书。本套指导用书共有八册，分别为《礼貌待人》《干净上学》《学会学习》《诚信做人》《自我管理》《遵守公德》《增强体质》《安全自救》。教育内容涵盖校内校外、课内课外等小学生日常行为规范。每册书每课都按照"名人名言""教育提示""生活在线"等方式编排，每一节内容还有议一议、记一记、搜集、讨论、综合实践活动等多种形式的教育活动，图文并茂，内容丰富，为教师教学提供了资料。

（五）课题跟进

为提高学校德育工作理论与实践水平，我们将小学生"8个好习惯"养成教育工作申报为自治区第四届基础教育德育课题进行研究。这项课题2017年结题，被评为自治区第四届基础教育课题研究一等奖。2018年学校又将《创新学生评价管理实践研究》申报为自治区第五届基础教育课题进行研究，实现学校德育实践与理论创新同步发展。

二、探索实施，为小学生"8个好习惯"养成教育积蓄能量

（一）明确实施规则

按照《小学生"8个好习惯"养成教育培养目标实施方案》的要求，以一个学年为实施周期，循环进行。每一个周期分三个阶段进行：即学习安排阶段（每学期开学第一周）；实施教育阶段（每学年3、9月—6、12月）；总结评比、巩固提高阶段（每学年7、1月初）。每个阶段都安排了具体的工作内容，来落实阶段工作目标。每学年各年级各班根据学校安排，按月组织开展活动，着力落实每月一个好习惯教育，兼带其他7个好习惯教育。

（二）加强过程管理

（1）制定相关方案、办法、制度、预案、措施、职责等，提出落实小学生"8个好习惯"工作的要求。

（2）实行光荣榜和训诫台管理制度、流动红旗颁发制度、领导、教师、保安值周巡查制度等。

（3）加强对班级考核，实行政教处、少先队、年级组三级考核制度。

（三）开展主题教育

开展系列教育活动，结合重大节日、重要节点、"8个好习惯"训练重点、安全教育等，将教育内容系统安排，通过每周一次的主题升旗活动、班队会等途径宣传教育。在高年级推广"8个好习惯"韵律操，二、

三年级推广"快乐宝贝"健美操,一年级推广古诗韵律操,让教育信息入心入脑。

(四)解决困扰难题

(1)抓交通文明。安排领导、保安、家长在重点位置执勤,安排公交车监督员,进行不间断的跟踪检查。

(2)抓校园管理。针对学生上下楼梯秩序、集会、出操、课间活动、上卫生间等方面的常规进行不间断训练,每天记录,每周通报不良行为表现。

(3)抓路队整治。实行学生进出校门排队走素养步道制,路队延伸到班级、社区。

(4)抓家校教育。建立健全学校家委会,召开家长会,开展亲子读书活动,实行家长值勤制度。

(5)抓安全管理。签订领导、教师、家长安全目标责任书,进行安全工作排查,开展师生安全知识教育及各类应急演练,实行学生晨午检、点名和出门卡制度等。

(五)营造教育氛围

以社会主义核心价值观为主题,以学生"8 个好习惯"养成教育培养目标为主线,营造经典文化校园、文明校园、书香校园,励志校园等,彰显"8 个好习惯"的文化魅力。并通过实施阳光体育活动、体育竞赛、读书活动、文艺节目、器乐课堂以及 21 个社团活动课,培养学生的兴趣特长,促进学生全面发展。

三、评比考核,为小学生"8 个好习惯"养成教育保驾护航

学校以《学生"8 个好习惯"养成教育目标形成性评价实施办法》为依据,加强对学生良好习惯的检验。

（一）实施"8个好习惯"星级评价

按照小学生"8个好习惯"养成教育评价标准，实施星级形成性评价，让自己、小伙伴、老师、家长都来参与评价。对每月的一个好习惯确定的8个教育点和其他"7个好习惯"养成情况，进行评价，完成得好得一颗红色星★，完成得较好得一颗黄色星★，完成得一般得一颗蓝色星★。

（二）记录"8个好习惯"行为表现

对学生每月"8个好习惯"表现情况进行记录，由班主任对班级学生每月一个好习惯养成表现情况进行记录，突出优点，找出普遍存在的问题和个别存在的问题，提出改进的措施。

（三）评选班级"8个好习惯之星"

根据每月的多元化评价情况，由班委会推荐，班主任审核，学校政教处批准，颁发"8个好习惯之星"认定证书，作为学期、学年学校评选"好习惯优秀少年"的依据。

（四）推选"8个好习惯优秀少年"

在每月班级评选的"好习惯之星"的基础上，由班主任推荐，学校政教处审核，主管校长批准后，颁发"好习惯优秀少年"奖状或奖牌，并组织参加校外实践活动。

（五）创建"8个好习惯"优秀班级

学生良好习惯教育效果好坏最终表现在班级是否班风正、学风浓、凝聚力强上。"8个好习惯"养成教育优秀班集体的创建主要由学校政教处、少先队进行考核评选。根据每月好习惯的养成教育情况，结合平时的各项工作检查，综合进行评选、授牌，并将结果作为评选优秀班主任、优秀班集体和班主任绩效工资发放等的依据。

四、改革创新，为学生"8个好习惯"养成教育注入活力

为引领教师认真做好小学生良好习惯养成教育培养工作，使小学生

"8个好习惯"养成教育工作常抓常新，学校不断创新小学生"8个好习惯"养成教育工作，赋予了小学生"8个好习惯"养成教育工作的青春与活力。

（一）构建新模式

构建了学生"8个好习惯"养成教育管理与评价新模式，提升学生基本素养。完善和实施了学生"好习惯互助"团队评价体系建设；家长"好习惯互助"团队评价体系建设；"好习惯优秀中队"评价体系建设。完善和实施了以积分和"素养币"为评价载体的评价体系建设。建立以政教处、少先队为主的一级评价管理机构，负责学生评价管理的指导和实施。建立以班主任、任课教师、学校工勤人员、校外辅导员等为具体评价的二级评价实施主体。开展年级、班级"素养币"积分竞拍奖品活动，设置开放年级"素养商城"，实施学生以"素养币"兑换"素养商城"奖品活动。

（二）改进新评价

改进学生"8个好习惯"养成教育评价工作。根据各年级学生的年龄特点，将学生"8个好习惯"养成教育64个教育点扩展为96个教育点，并分解到各年级。对每个年级承担"8个好习惯"中的16个教育点，分上、下学期落实，并按照《小学生"8个好习惯"养成教育评价手册》，每学期期中、期末进行两次评价，力促小学生"8个好习惯"养成。

（三）落实新要求

为认真落实小学生"8个好习惯"养成教育工作，从学校、班级两个层面上落实各年级"8个好习惯"中的16个教育点，将学习安排、落实评价、总结激励结合起来。学校利用德育活动（如升旗、演讲等）进行各年级好习惯主题教育，班级利用班队会课进行具体的行为习惯学习、安排和指导，并对每学期要落实的好习惯分期中、期末进行两次评价。评价实行自己、伙伴、家长、老师多元评价机制。每学期期末各班进行总结，评选本学期的"8个好习惯之星"若干名，报学校进行奖励。

（四）拓宽新思路

小学生行为习惯受老师、家长影响很大，为此，学校认真开展教师、家长"8个好习惯"养成教育工作。按照学校制定的教师、家长"8个好习惯"养成教育评价内容、办法、标准，编辑评价手册，实施多元化评价，让自己、同事、学生、家长、学校都来参与对教师、家长的评价，促进教师、家长良好行为习惯的改进和养成。

小学生"8个好习惯"养成教育培养目标工作成效最终表现在学生行为习惯的改善上。首先，它规范了学校学生的养成教育工作，为学校德育工作的开展搭建起了平台，设计了框架，使德育工作变成了具体的、可操作的东西。其次，通过对小学生"8个好习惯"养成教育培养，学生礼仪习惯、学习习惯、行为习惯和卫生习惯等得到了很大的改善，受到了上级教育部门和社会各界的充分肯定。但经验、能力、条件等决定着我们的实施过程不可能一帆风顺，教育过程中经常会出现学生行为习惯的反复，会出现与我们的要求相悖的现象，我们将不断地实践、反思、总结、改进、创新，真正使小学生"8个好习惯"养成教育培养目标最终定格在学生的心里，外化到学生的言行之中。

以小学生"8个好习惯"养成教育为抓手
提高学校德育工作实效

路 德

俄国教育家乌申斯基说："良好习惯乃是人在神经系统中存放的道德资本，这个资本在不断增值，而人在其整个一生中就享受着它的利息。"小学阶段是孩子良好习惯形成的关键时期，让学生在小学成长过程中养成一系列做人、做事、学习等方面的良好习惯,直接关系到我们未来事业的接班人的道德素质。我校地处吴忠市区西北角,在校学生近两千名,学生主要来自金花园社区、阳光骄子、古城中心村、左营中心村、党家河湾村、新华桥村及外来务工人员子女等,家长的文化素养、学生家庭教育的环境不尽相同,生源极其复杂,学生的行为习惯差,影响了学校德育工作的开展。针对问题,学校提出了"基础扎实、习惯良好、发展全面"的教育培养计划,把学生行为习惯的养成教育作为学校的特色工作,制定了小学生"8个好习惯"养成教育培养目标,努力构建学校德育框架,形成了全员育人、全科育人、全程育人、全方位育人的良好工作局面。学校在对学生进行养成教育的过程中,既继承传统,又突出创新,与时俱进,突出了学校德育的针对性和实效性,收到了良好的育人效果。

一、整体规划,搭建平台

2012年年底,在教育局领导的建议下,我校开始着手规划学生养成教育工作,经过反复地研究、思考,2013年3月份我们提出了学生"8个好习惯"养成教育培养目标的思路,随即开展了一系列的探索与实践的工作。

(1)制定了《学生"8个好习惯"养成教育目标》《学生"8个好习惯"养成教育实施方案》和《学生"8个好习惯"养成教育形成性评价实施办法》,全面规划学生"8个好习惯"养成教育工作。

(2)编辑了《学生"8个好习惯"养成教育活动实施手册》,邀请了时任局长焦玉竹为《实施手册》题词,邀请了周占忠副局长为《实施手册》撰写序言。

(3)召开了"8个好习惯"养成教育活动启动会,邀请了教育局周占忠副局长、关工委宋永厚副主任、学生家长代表200人参与,形成学校、家庭和社会对学生良好习惯教育的重视。

（4）开展了学生"8个好习惯"养成教育活动教师、学生、家长签名活动，让教师、学生、家长了解活动的目的，更好地配合学校对学生进行教育。

（5）召开了学生"8个好习惯"养成教育活动实施班主任培训会，学习《实施手册》，宣讲要求，明确操作要领。

（6）开发编辑了小学生"8个好习惯"养成教育德育校本课程系列教育丛书。本套指导用书共有八册，分别为《礼貌待人》《干净上学》《学会学习》《诚信做人》《自我管理》《遵守公德》《增强体质》《安全自救》。教育内容涵盖校内校外、课内课外等小学生日常行为规范。每册书每课都按照"名人名言""教育提示""生活在线"等方式编排，每一节内容还有议一议、记一记、搜集、讨论、综合实践活动等多种形式的教育活动，图文并茂，内容丰富，为教师教学提供了资料，深受师生喜爱。

（7）开展了小学生"8个好习惯"养成教育目标建章立制工作。我们制定了《小学生"8个好习惯"养成教育目标规范化要求》6个方面，60项内容，即小学生礼仪、卫生、自我管理方面的规范化要求10项，班级管理方面的规范化要求11项，学校管理方面的规范化要求11项，小学生学习方面的规范化要求6项，小学生安全教育方面的规范化要求11项，班级管理规范化要求范例11项，并编辑成册。

（8）开展了小学生"8个好习惯"养成教育课题研究。为提高了学校德育工作理论与实践水平，我们将小学生"8个好习惯"养成教育工作申报为自治区教育厅德育课题，制定了《学生"8个好习惯"养成教育培养目标实施研究》课题研究计划，召开了课题研究开题会，进行了系统规划。目前，该课题已通过自治区课题立项，研究工作正按照计划顺利进行。

二、分步实施，学年循环

我们按照《小学生"8个好习惯"养成教育目标实施方案》的要求，以一个学年为实施周期，循环进行。每一个周期分三个阶段进行：即学习安排阶段（每学期开学第一周）；实施教育阶段（每学年 3、9 月—6、12 月）；总结评比、巩固提高阶段（每学年 7、1 月初）。每个阶段都安排了具体的工作内容，来落实阶段工作目标。每学年各年级各班根据学校安排，按月组织开展活动，着力落实每月一个好习惯教育，兼带其他 7 个好习惯教育，并有所侧重，如三月份"文明礼貌"好习惯教育、四月份"讲究卫生"好习惯教育等。每月月末各班进行总结，对学生进行实施过程评价，总结教育成效，评选每月班级的"好习惯之星"，安排下月工作。每学年末在学生"8个好习惯"养成教育评价结束后，评选学校的"好习惯之星"优秀少年进行表彰，同时创建"养成教育优秀班集体"。

三、评比考核，保障落实

学校制定了《学生"8个好习惯"养成教育目标形成性评价实施办法》，加强对学生良好习惯的检验。以学生行为习惯的改善，作为衡量学生思想道德发展、评估德育效果的根本标准，形成从道德认知到道德实践全过程评价的层次性、多元性和多样性，促进良好习惯形成，有效地促进学生发展。

（一）按学生"8个好习惯"养成教育评价标准实施评价

制定学生"8个好习惯"养成教育评价标准，实施星级形成性评价，让自己、小伙伴、老师、家长都来参与评价。对每月的一个好习惯确定的 8 个教育点和其他"7 个好习惯"养成情况，进行评价，完成得好得一颗红色星★，完成得较好得一颗黄色星★，完成得一般得一颗蓝色星★。

（二）进行学生每月好习惯表现记录

我们根据学生 "8 个好习惯" 表现情况记录要求，由班主任对班级学生每月一个好习惯养成表现情况进行记录，突出优点，找出普遍存在的问题和个别存在的问题，提出改进的措施。

（三）评选每月班级 "好习惯之星"

"好习惯之星" 的评选是学生每月一个好习惯养成教育效果的体现，是学生良好习惯教育的阶段性荣誉。它的评选每月进行一次，根据每月的多元化评价情况，由班委会推荐，班主任审核，学校政教处批准，颁发 "好习惯之星" 认定证书，并将 "好习惯之星" 认定证书装入学生成长记录袋中，作为学期、学年学校评选 "好习惯优秀少年" 的依据。"好习惯之星" 的荣誉称号为：礼仪之星、卫生之星、学习之星、诚信之星、自我管理之星、遵守公德之星、健康之星和安全之星。学生每个月都要参加本月好习惯养成教育，接受班级考核，争当 "好习惯之星"。"好习惯之星" 评选条件是该学生当月的班级评价为优秀，8 个 "好习惯之星" 每个学生都可以参加评选，达到评选条件即可根据比例评选。

（四）评选学校 "好习惯优秀少年"

"好习惯优秀少年" 的评选是学生良好习惯教育效果的体现，是学生良好习惯教育的最高荣誉。它的评选每学期或每学年进行一次，是在每月班级评选的 "好习惯之星" 的基础上，由班主任推荐，学校政教处审核，主管校长批准后，颁发 "好习惯优秀少年" 奖状或奖牌，并组织参加校外实践活动。

（五）创建 "好习惯" 养成教育优秀班集体

学生良好习惯教育效果好坏最终表现在班级是否班风正、学风浓、凝聚力强上。创建 "好习惯" 养成教育优秀班集体，可以更好地鼓励、肯定班集体的工作成绩，促进班务工作更好地开展。"好习惯" 养成教育优秀班集体的创建主要由学校政教处、少先队进行考核评选。根据每月好习惯的养成教育情况,结合平时的各项工作检查,综合进行评选、授牌,并将结果作为评选优秀班主任、优秀班集体和班主任绩效工资发放等的依据。

小学生"8 个好习惯"养成教育目标实施操作流程

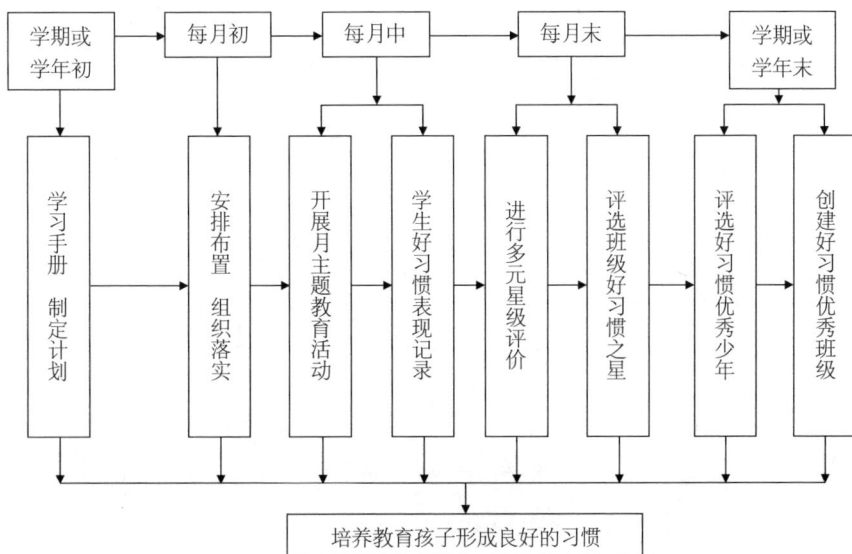

四、创新方法,强化实践

为使学生"8 个好习惯" 养成教育活动顺利开展,学校提出 "重指导、重导行、重宣传、重评价、重家校"的 15 字方针,引领教师认真做好学生良好习惯养成教育培养工作。

"重指导"——以问题改进为抓手,强化上层指导。

在实施的过程中,我们认真听取老师、上级领导的意见和建议,不断完善和改进学生"8 个好习惯"养成教育工作。教育局学校工作科委托谢爽老师多次来校亲临指导,从实施手册、校本课程、规范化要求等都进行详细的指导,促进这项工作顺利开展。学校多次召开研讨会,找问题、找对策,提高教育的实效。

"重导行"——以德育活动为载体，强化认知导行。

良好的习惯只有通过不断的科学训练和耐心的教育，才能逐步形成。为此，我们以"认知"为基础，以品德课教学为主渠道，结合每月一个好习惯教育，每月办一期小报，每月进行达标测试，强化认知；以德育活动为载体，立足平时，强化学生良好习惯的养成。政教处、少先队、班主任按照学校安排，积极组织学生开展每月以一个好习惯养成教育为主的系列教育活动，如学雷锋教育活动、缅怀革命先烈教育活动、防震防火讲座及演练、法治教育讲座、安全教育讲座等，力促学生良好习惯的养成。使学生通过学习认知、德育活动实现知行统一。

"重宣传"——以德育宣传为阵地，强化环境熏陶。

加强学校宣传阵地建设，充分利用电子屏、标语、小喇叭广播、学校橱窗、班级板报、学校信息栏等媒介，宣传学生"8个好习惯"，教育学生应该怎样去做。小喇叭广播开辟了每周一歌、美文欣赏、安全教育、好人好事、故事欣赏等板块，真正实现了以小喇叭广播、校园橱窗、班级板报等为主阵地，强化环境熏陶的目的。我校实施的学生"8个好习惯"养成教育工作作为学校德育特色项目，受到教育局领导的充分肯定。2014年6月学校学生"8个好习惯"养成教育工作在市区学校交流；2014年11月市教育局在我校召开德育工作现场会；2015年6月我校被评为德育工作先进集体；学校学生"8个好习惯"养成教育工作先后在吴忠日报、吴忠电视台、宁夏教育电视台刊载或播放。

"重评价"——以班队会课为平台，强化过程评价。

我们以班会课为平台，开展学生"8个好习惯"养成教育主题班队会，利用小学生"8个好习惯"养成教育德育校本课程，对学生良好习惯养成进行引导。通过多元评价方式，对学生每月一个好习惯养成情况进行多元星级评价，评选班级每月的"好习惯之星"，如礼仪之星、卫生之星等，并做为评选"好习惯优秀少年"的依据，同时，记录学生每月一个好习惯养成表现情况，进行小结。通过评价让学生自己教育自己，让自觉自律成为习惯。

"重家校"——以家校教育为纽带，强化言行改善。

小学生"8个好习惯"养成教育工作单凭教师做是不够的，需要家长的配合。为此，我们重视指导家长做好教育工作，通过启动会、家长会、大家访等活动，宣传小学生"8个好习惯"养成教育培养目标，并提出了家长、教师也要养成"8个好习惯"，促进教师、家长齐抓共管，合力攻坚，用教师、家长的良好素质，身体力行，影响带动学生。

小学生"8个好习惯"养成教育目标工作最终表现在学生行为习惯的改善上，实施近两年来，取得了一些成绩：一是规范了我校学生的养成教育工作，为我校德育工作的开展搭建起了平台，设计了框架，使学生良好行为习惯的养成和训练有纲可依，教师、家长在教育的过程中，有理论支撑、有操作办法、有规范化要求，使德育工作变成了具体的、可操作的东西。二是通过小学生"8个好习惯"养成教育目标教育活动的开展，学生礼仪习惯、学习习惯、行为习惯和卫生习惯得到了很大的改善，现在随时走进学校，你会发现校园干净整洁，学生见到老师主动问好，有老师在和无老师在同学都能自觉安静地读书学习，课间操、路队、集会等都秩序井然，给人舒服的感觉。当然，在实施的过程中，还存在一些问题，比如：学生的行为习惯出现反复，家长的配合不利，教师的评价不够科学等。今后学校将加大对学生"8个好习惯"养成教育目标内容的学习、指导与实践，让教师、家长发挥其榜样作用，同时，加强对实施过程的考核，提高教育实效。我们将不断地实践、反思、总结、改进、创新，真正使学生"8个好习惯"养成教育目标最终定格在学生的心里，外化到学生的言行之中。

以学生"8个好习惯"养成教育为抓手
构建"四四制"学校德育工作格局

郭丽宏

在小学阶段培养教育孩子形成良好的习惯，是培育和践行社会主义核心价值观的具体体现，对学校、家庭乃至社会教育都有着极其重要的意义。《中共中央关于加强和改进中、小学德育工作的通知》中指出："德育对中、小学特别是小学生更多的是养成教育。"为全面提高学校德育工作质量，我校以小学生"8个好习惯"养成教育工作为抓手，以德育常规管理为主线，以德育教育活动为载体，以加强政教队伍建设为重点，认真培植我校养成教育工作特色，精心打造学校"四四制"德育工作格局，即加强 德育"四个建设"，落实德育工作"四项任务"，强化安全"四个管控"，积极打造体卫艺科"四篇文章"，促进了学校德育工作质量的提升。

一、加强德育"四个建设"，提升德育工作建设成效

（一）加强队伍建设，落实"四种制度"

（1）落实班务工作计划的制定、实施和总结制度，不断完善《学生"8个好习惯"养成教育工作班级管理手册》。

（2）落实对班主任的选拔、培训和指导制度。学校要求政教干部每学期自选主题进行一次班主任工作培训；抓住每次教育行政部门组织的培训机会，派出班主任参加培训或进行参观。

（3）落实班务工作交流制度，每学期期末进行一次班主任工作经验交流。

（4）落实对班主任工作的考核制度。依据《班主任工作考核细则》，加强对班主任工作的考核。实行政教干部、年级组长、少队干部分年级考核

机制。采用普查、抽查、重点查的方法进行检查，将日查、周结、月评定结合起来，促进班务工作考核制度化、规范化、效能化。

（二）加强班级建设，抓好"五项任务"

（1）抓好班级文化建设。实施以养成教育为主的班级文化建设，以黑板报、学生行为习惯评比栏、班务工作信息栏、班级班规、图书角、星级评比栏、班级门牌、壁纸墙裙、自主创新项目等内容设计班级文化。

（2）抓好班队干部培养和使用。实行班队干部一学年一选举的竞聘上岗的制度。同时要加强班干部的培养、指导，使用好班干部，培养学生自我管理能力。

（3）抓好班规的制定和落实。班主任要认真拟定班级规章，做到简明扼要，突出重点，便于操作，并在班会课上进行讨论通过。

（4）抓好班级主题教育。结合学校德育工作计划，开展班级德育主题教育，提高活动教育效果。

（5）抓好家校合作教育。抓好家长委员会建设，倾听他们的心声，组织召开好家长会、家长培训会，邀请家长进行亲子教育经验介绍。充分利用家校联系信息平台，加强与学生家长的沟通，尤其是问题学生家长的沟通。开展好家访活动，做好师生结对帮扶工作。

（三）加强少队建设，完善"三种机制"

（1）少队干部竞聘制。实行少先队干部一学年一选举的竞聘上岗的制度，同时要加强对队干部的培养、指导、使用和激励，发挥少先大队干部的带头、引领和示范作用。

（2）流动红旗颁发制。少先大队制定出流动红旗评选的办法，制定评选标准，让更多的人参与到流动红旗评选的过程中来，每周公示各班各项成绩，颁发流动红旗。开学初学校继续评选上学期在路队、纪律、卫生、升旗表现突出的班级。

（3）宣传教育一贯制。不断改进宣传的形式和内容，充分利用升旗活动、标语、字画、图画、小喇叭广播、学校橱窗、班级板报、学习园地、学校网站、学校信息栏等媒介，尤其是小喇叭广播，开展宣传教育活动，构建积极健康的校园文化。

（四）加强校园文化建设，构建"一条主线，四个方向"的校园文化格局

"一条主线"：开展以学生"8个好习惯"养成教育培养目标确定的"8个好习惯"和64个教育点为主线进行校园文化设计。

"四个方向"：①开展以《三字经》《弟子规》经典解读进行校园文化设计；②开展以师德、励志教育为主的校园文化设计；③开展以师生创新作品为主的校园文化设计；④开展以养成教育为主的班级文化设计。

二、落实德育"四项任务"，提高学校德育工作质量

（一）抓实常规

（1）班主任要上好晨会，做好晨检和午检，开好班会，组织好集会、课间操、课间活动、路队、值日、活动等日常工作，并做好记录。

（2）政教处制定出课间活动、集会、课间操、路队等方面的要求和安排，整治这些时段混乱、说话、纪律松散等现象，并进行检查和指导。

（3）经常性地开展德育常规工作的观摩活动。

（二）培养习惯

（1）改革"8个好习惯"的评价机制，分三段进行，即一、二年级段，三、四年级段和五、六年级段，各阶段工作有所侧重。一、二年级抓学习，三、四年级抓达标（达标测试），五、六年级抓提高（提高性测试和小报制作）。

（2）从学校、班级两个层面上落实月初学习安排，月中落实，月末总结评比的机制。学校利用月初的升旗活动进行本月好习惯的学习安排，班级利用月初的班会课进行具体的安排部署，提出明确的本月行为习惯要

求，指导学生去认真完成，并进行过程观察，利用每周班队会课和每天晨会时间进行小结指导，月末进行总结，评选本月的好习惯之星（三至六年级），学校在下月月初选一班，有班主任进行小结，并安排下月的好习惯教育工作。

（3）建立班级行为习惯不好的学生档案，每月进行一次集中教育。

（4）研究制定小学生"8个好习惯"荣誉卡的颁卡和奖励办法，调动学生的积极性。

（5）不断改进《小学生"8个好习惯"养成教育工作班主任工作手册》，调整评价内容和形式，增强评价实效。

（三）主题教育

（1）进行开学第一课教育。

（2）开展以"纪念红军长征胜利80周年为主题"的爱国主义系列教育活动。

（3）开展每周一次的主题教育，将"8个好习惯"教育融入升旗和班级活动之中。

（4）利用重大节日开展德育教育活动。

（5）抓重要节点教育，如开学第一课常规教育、夏季防溺水教育、冬季传染病预防、食品卫生教育、"三节"教育等。

（6）进行社会主义核心价值观、文明礼貌教育，组织多种形式的宣传教育活动。

（7）组织开展国防教育活动，增强学生国防意识。

（四）课题研究

（1）继续按计划开展小学生"8个好习惯"养成教育课题研究工作。

（2）开展子课题成员班会课观摩活动。

（3）评估实验班学生行为习惯的养成情况，进行奖励。

（4）继续进行小学生"8个好习惯"养成教育各月好习惯教育小报制

作和提高性测试工作，完善课题档案。

（5）期末进行课题组成员课题研究工作总结交流会。

三、强化安全 "四个管控"，促进师生健康平安

（一）事事有人管

（1）成立组织。学校成立以薛晓宏校长为组长，路德副校长、吴建国副书记为副组长，政教主任马保国、少先大队辅导员赵淑红为成员的领导小组，加强对学校德育工作的领导和指导。

（2）构建学校德育工作网络。形成书记、分管德育工作副校长、政教主任、少先大队辅导员、班主任、跟班教师为主体的德育工作网络。

（3）学校制定德育工作分工表，实行领导包年级制度，并提出明确要求，做到分工负责，责任到人，谁的事谁去管。

（二）时时有人管

（1）建立领导值周制度，每天进行值班，发现问题及时处理，并在下周一的升旗仪式上进行总结。

（2）政教干部每天要随时进行检查，发现问题及时记录，及时反馈，并记入每天的检查考核表中。

（3）学校少先大队干部每天进行检查、记录、考核，每周进行小结汇总，颁发流动红旗。

（4）班主任每天随时随地进行班级管理，发现问题及时纠正。

（5）学校建立任课教师跟班、跟操制度。

（三）处处有人管

（1）建立保安巡查制度，安排保安在校门口、校园、班级、卫生间等可能存在安全隐患的地方进行巡查，随时纠正学生不良行为。

（2）少先大队要安排安全员在校园进行巡视，发现问题及时汇报，并记录考核。

（3）继续加强社区、村队学生安全监督组的建设，加强管理和指导，评选优秀安全监督组。

（4）加强对学生校园内外安全工作的管控，在进出校门、早到、课间活动、上操、上课、上下楼梯、上卫生间、参加活动、路队、清理卫生、上学放学、节假日等时段，进行全程教育和管控。

（5）利用监控、录像机、照相机等电子设备进行影像存留，发现安全问题及时处理。

（四）人人用心管

（1）继续与家长签订安全目标责任书。

（2）要求家长为学生办理保险。

（3）继续实行学生出门签发出门卡制度。

（4）继续实行各处室、门卫、班级、任课教师安全工作台账记录制度。

（5）继续利用电子屏、小喇叭广播、升旗活动、班队会课、电子白板进行安全教育宣传。

（6）进行安全工作的月排查，各办公室、功能室、教室及学校设施等每月进行一次安全工作月排查，将每月的排查资料上交政教处存档，对存在的安全隐患上报学校解决。

（7）加强常识学科教师对课堂纪律管控，杜绝放任自流的现象。

（8）适时进行安全工作应急演练。

（9）创建安全文明班级。

四、打造体卫艺科"四篇文章"，提高学生综合素养

（一）体育工作抓好"四项活动"

（1）阳光体育活动。抓实日常体育活动，保证每天锻炼一小时。抓好"两课"（体育课和健康课）、"两操"（眼保健操和课间操）、"两课间"（大课间和课间活动）、"五队"（田径队、篮球队、足球队、乒乓球队和

羽毛球队）的日常训练工作。

（2）特色项目活动。要从学校的实际出发，积极学习引进优质的体育资源，培植学校体育特色项目。

（3）体育竞赛活动。积极组织学生参加上级教育部门开展的各项体育竞赛和团体操比赛等体育活动，组织开展学校一年一次的田径运动会和冬季越野赛，组织开展学校年级间小型的体育竞赛活动。

（4）体育达标活动。要认真落实国家2+1体育训练要求，积极组织开展各项体育活动，保证每位学生至少掌握两项体育技能，并进行达标验收。

（二）卫生工作抓好"四个到位"

（1）宣传教育到位。增加学生卫生健康知识，开展学生常见病及流行性传染病的宣传、讲座等教育活动，制定健康教育工作计划，上好健康课。

（2）预防治疗到位。对于流行性传染病，要认真了解病情，及时隔离、积极治疗。每年进行学生体质健康检查，发现问题，及时治疗。

（3）习惯要求到位。教育学生不吃零食，禁止购买"三无"食品，经常进行周边食品摊点及学生携带食品的安全检查，提倡家长为学生制作有营养的早点。

（4）心理健康教育到位。安排兼职辅导教师，建立辅导室，通过进行学生心理健康教育讲座、故事、演讲、作文等教育活动，设置心理信箱，找学生谈心，解决心理问题，帮助和鼓励学生克服心理障碍。积极倡导"三个一"，即每天送给学生一个微笑，温暖学生幼小的心灵；每天说一句鼓励学生的话，激发学生弱小的自信；每天找一个学生谈话，沟通师生间真挚的情感。

（三）艺术教育抓好"四项任务"

（1）打好基础。上好音乐美术等艺术课，评估学校艺术教育成效，奠定学生艺术活动基础。

（2）开展活动。以艺术类综合校本课程为主，继续开展舞蹈组、合唱组、二胡组、口风琴组、软笔书法组、硬笔书法组、绘画组、剪纸组、折纸组、电子绘画组和电子小报组活动。

（3）参加竞赛。积极参加学校及上级教育部门组织的各项艺术展演、竞赛等活动，奖励在活动中取得成绩的师生。

（4）落实2+1。落实2+1国家艺术训练要求，保证每位学生至少掌握一门艺术特长，逐步认定艺术特长学生。

（四）科技创新念好"四字诀"

（1）认识要"深"。学校领导要高度重视科技创新活动，将其纳入学校整体工作布局当中，克服畏难情绪，大力支持科技创新工作，在工作谋划、人力、物力和财力上给予支持。

（2）培训要"精"。要进行有关科技创新的学习、培训活动，开阔师生视野。要以学校机器人教学为突破口，培植学校科技创新项目。

（3）比赛要"真"。每年都要在师生中开展一次科技制作或创新设计评比活动，要积极参加各级组织的科技竞赛活动，让师生在活动中得到锻炼。

（4）激励要"重"。学校要及时总结奖励科技创新优秀师生，并在学校评优选先、职称评定、绩效工资等方面给予政策倾斜。

校风校纪整治工作永远在路上
路 德

自吴忠市教育局在市区学校持续深入开展校风校纪整治工作以来，我校将此项工作与学校一直开展的"8个好习惯"养成教育相结合，面向每个学生，有计划、有步骤地组织实施。

一、建设两支队伍，落实责任主体

（一）落实学校领导管理责任

建立领导包年级制，明确分工，责任到人——事事有人管。建立领导值周、总结制，政教、少队干部、年级组长检查考核制，班主任跟踪检查制，任课教师跟班、跟操、跟路队制——时时有人管。建立保安巡查制，学生安全员巡视制度——处处有人管。学校领导、教师、家长层层签订目标责任书，落实学科教师先育人后教书的理念，建立安全工作台账销号制——人人用心管。形成了校风校纪整治工作良性运行机制。

（二）落实班主任主体责任

一是加强对班主任的各项培训，提升班主任的管理能力；二是实施班务工作计划的制订、落实、总结和交流制度，通过互相学习，完善了《学生"8个好习惯"养成教育工作班级管理手册》中的逐项内容并落实在日常工作中；三是加强对班主任工作的考核。实行政教、少队和年级组三级考核制度。

二、拓展"8个好习惯"内涵，助推校风校纪整治工作

（1）实施每年段不同侧重点的星级形成性评价机制，即低段抓学习、中段抓达标测试、高段抓提高性测试，并以班队会课为平台、家校教育为纽带，让各方参与对学生的评价。

（2）从学校、班级两个层面落实月初学习安排，月中组织实施，月末总结评比机制。每学期为好习惯之星集中授卡，每学年对"好习惯优秀少年"和"养成教育优秀班集体"进行表彰。

（3）将十二小学学生"8个好习惯"养成教育工作申请为自治区课题进行研究。

（4）以"8个好习惯"养成教育培养目标确定的8个一级教育点和64个二级教育点为主线进行校园文化设计宣传。

三、明确整治目标，提高整治成效

（一）强管理

制定相关方案、制度、预案、措施、职责等，并适时召开动员会、培训会，提出落实校风校纪整治工作的具体要求，将校风校纪整治工作列为学校的一项中长期重点工作来抓。

（二）抓节点

开展以每月一个好习惯养成教育为主题的系列教育活动，结合重大节日、重要时间节点，将整治内容系统安排在学校的各项活动中，使教育内容入脑入心入行。

（三）把重点

单亲家庭、留守儿童等问题学生是我们关注的重点群体，定期为他们举办各种形式的辅导班，参加公益性活动。开展百名教师帮扶百名问题学生行动，使良好的行为习惯内化于心，外化于行。

（四）解难点

校风校纪整治工作的难点在校外、在社区、在上学、放学途中、在节假日、在教师不出现的地方。学校定期组织教师深入社会各个层面，掌握学生在校外的第一手资料。学校还聘请了近百名涵盖社会各行各业的校风校纪监督员，出现在十二小学服务片区的各个角落，他们充分发挥网络优势，电话、短信、微信群、随手拍视频及时将学生的表现反馈至学校。同时学校依据学生所在班级和居住地划分的校风校纪监督小组，又将学生校外的表现置于学生的互相监督之下。

（五）全覆盖

学校倡导全员育人工作机制，从校长、政教主任到学校卫生保洁员，人人都是育人者，都是校风校纪整治工作的执行监督者。同时利用家校合作平台，充分发挥两千一百多名学生背后的五千多个父母、上万名亲属的无形力量，扩大了校风校纪整治工作的参与面。

（六）保持久

小学生身心发展特点决定了其行为的反复性，学校对学生的不良行为习惯采取反复抓、抓反复的策略。使校风校纪整治工作永远在路上。

通过一年多的校风校纪深度治理，改变学生精神面貌、提升学生学业成绩、促进社会风气好转、树立吴忠教育新形象的四大功效已初步凸显。但我们清醒地认识到，校风校纪整治是一项长期工作，只有进行时，没有完成时，只要我们大家共同携手，就一定能够迎来吴忠市教育的新辉煌。

拓宽"8个好习惯"内涵　提升教育教学质量

刘　晖

为继续深入打造好小学生"8个好习惯"养成教育工作特色，我们积极进行传承、改革和创新，不断提升"8个好习惯"内涵，扩展"8个好习惯"外延，将学生"8个好习惯"养成教育工作向学校管理、教学工作、家庭教育、课题研究、精准扶贫等方面延伸，带动和促进了学校教育教学工作的全面提升。

一是将"8个好习惯"向学校精细化管理延伸。建立领导包年级制，明确分工，责任到人——做到事事有人管。建立领导值周、总结制，政教、少队、年级组三级检查考核制，班主任跟踪检查制，任课教师跟班、跟操、跟路队制——做到时时有人管。建立保安巡查制，学生安全员巡视制度，巡查巡视不留死角——做到处处有人管。学校领导、教师、家长层层签订目标责任书，建立安全工作台账销号制——做到人人用心管。

二是将"8个好习惯"向师德教育延伸。学校提出教师"8个好习惯"目标，要求教师要成为尊重和热爱学生的典范。并让学生、家长参与学校师德标兵、好老师评选等工作中，用优秀教师的人格魅力感染教育学生。

三是将"8个好习惯"向校纪校风整治工作延伸。①实施每年段不同侧重点的星级形成性评价机制，并以班队会课为平台、家校教育为纽带，让各方参与对学生的评价。②从学校、班级两个层面落实月初学习安排，月中组织实施，月末总结评比、随时颁卡、学期认定、学年表彰机制。③加强对班级常规工作的考核，实行政教、少队和年级组三级考核制度。2017年我校被评为校风校纪深度治理工作先进集体，宁夏教育电视台新闻60分报道了我校学生有序上学、放学的视频，一些家长自发给学校送来了锦旗。

四是将"8个好习惯"向提升青年教师素养延伸。学校每周一的升旗仪式，都安排一名青年教师围绕本周开展的8个好习惯教育点进行主题演讲，加深了教师和学生对本周教育点的认识，训练了青年教师的普通话演讲水平。

五是将"8个好习惯"向学校文化建设延伸。通过班级名片、习惯之星、黑板报、学生书画作品等为孩子们营造了健康阳光的班级成长环境。通过花草树木、文化长廊、广播、电子屏、标语等有形无声的校园环境，对学生进行潜移默化教育。

六是将"8个好习惯"向教学工作延伸。①教务处结合"学会学习"好习惯要求，完善了学生"8个学习好习惯"的培养目标，并在此基础上结合各学科的特点形成了各学科学生学习"8个好习惯"目标。②根据学校教师的实际，提出了教师教学"8个好习惯"目标，并对教师教学"8个好习惯"提出了明确的实施要求。③在综合实践活动中落实"8个好习惯"要求。

七是将"8个好习惯"向课题研究工作延伸。2014年6月小学生"8个好习惯"养成教育工作被确定为自治区第四届基础教育德育课题，通过三年的研究，今年结题。2017年12月，学生"8个好习惯"养成教育课题研究获自治区第四届基础教育课题研究一等奖，"8个好习惯"论文在《宁

《夏教育》刊载。

八是将"8个好习惯"向家校合作教育延伸。学校提出了家长也要养成"8个好习惯",成为孩子的榜样,并通过建立校外辅导站、家长会、家校合作教育培训讲座、家长读书沙龙活动等渗透养成教育。

九是将"8个好习惯"向体卫艺工作延伸。①通过体育课教学、小型体育竞赛、"8个好习惯"韵律操、学生体质健康测试中落实。②通过健康教育培训、健康教育课、班会课、健康检查、心理辅导、潜能开发、健康宣传等途径,培养学生良好的卫生和心理素质。③通过艺术课、社团活动、竞赛、特长展演等落实。

十是将"8个好习惯"向精准扶贫工作延伸。学校领导先后在红寺堡二小、孙家滩中心学校等进行"8个好习惯"移植培训,开展了管理移植和校园文化移植工作。

通过"8个好习惯"向学校其他领域延伸,师生精神面貌、教学成绩、班风校风、师德师风师能有了很大的提升,树立起了十二小教育新形象。学生"8个好习惯"养成教育是一项长期工作,我们将在教育局领导的指导下,不断地改进、提高,使学生"8个好习惯"养成教育工作常抓常新。

培养良好习惯　奠基幸福人生

郭丽宏

《中共中央关于加强和改进中、小学德育工作的通知》中指出:"德育对中、小学特别是小学生更多的是养成教育。"我国近代著名教育家叶圣陶先生也认为:教育就是养成良好的习惯。小学阶段是孩子良好习惯形成的关键时期,让学生在小学成长过程中养成一系列做人、做事、学习等方面的良好习惯，直接关系到新一代国民的道德素质，对学校、家庭乃至社会教育都有着极其重要的意义，这也是培育和践行社会主义核心价值观的具体体现。为此，我校从实际出发，针对城乡结合部失地农民、外来务工人员子女多，习惯差的现状，确定了从培养学生良好行为习惯入手，走学校内涵发展之路的办学理念。

一、观念转变

（一）由教书育人到育人教书的转变

学生来源复杂，综合素质差是近郊学校共同面对的难题。破解这一难题，只有把"育人"放在首位，从培养学生良好行为习惯入手，变教书育人为育人教书，才能彻底改变学校教育现状，促进学生的全面发展。为此，我们把培养学生良好行为习惯作为学校教育改革发展的突破口，由单纯追求学生学业成绩的教育观转变为先育人后教书的教育观。不论生源，不讲条件，教学生六年，想学生一生，力争让六年的小学生涯为学生终生留下美好的回忆，这是吴忠市第十二小学全体教师的共同心愿。

（二）由单一育人到全员育人、全程育人的转变

五天的学校教育，往往被两天的家庭和社会的不良影响所冲淡，这就是所谓的"2大于5"现象。如何使学校教育写出"人"字的一撇与家庭教育、社会教育写出"人"字的一捺珠联璧合，互相支撑，形成一个完整的"人"，只有充分发挥学校教育、家庭教育、社会教育三位一体的教育功效，才能使"2大于5"的问题得到有效解决。同时，校内每个人都肩负育人职责，其言行举止都对学生起着榜样作用，学校保安弯腰捡起一张纸的教育功效不亚于一节主题班会的效果。全员育人、全程育人，走德育工作网络化渠道，是吴忠市第十二小学每个教职员工的共同做法。

二、行动跟进

(一)聚合德育力量,构建育人网络

在校内,将班子成员、科任教师、后勤人员等一律纳入德育队伍中,分别赋予其"管理育人、教书育人、服务育人"的职责。首先要求班子成员把学生的成长需求作为工作的出发点和落脚点,把教师和家长在教育学生过程中遇到的问题和困难作为工作的切入点,把发现问题、解决问题,作为考核班子成员工作绩效的重要内容。强化学校领导班子成员的育人意识,提升管理队伍的育人效能。其次将"先育人后教书"的教育理念通过多种形式逐步灌输到全体教师的行动中,使教师的思想认识由模糊到清晰、教育行为由被动到主动的转变,增强了教师先育人后教书的责任感和使命感,自觉成为学生健康成长的指导者和引路人。最后对门卫后勤等服务人员提出明确的育人要求,规范其语言、仪表、行为,使之成为学校育人的亮丽窗口。

在校外,将学生家长、社区工作人员纳入德育工作队伍。一是通过家长委员会实行开放办学,构建社会参与学校教育和民主监督机制。二是积极联合社区工作人员,挖掘、整合社区教育资源,通过学生参与社区文化教育活动,沟通学校与社区、家庭的教育渠道。三是以培训家长掌握正确的教育方法为主要内容,通过家长会等形式宣讲家庭教育知识,使其转变观念,提高教育水平。四是邀请家庭教育专家向学生家长进行培训指导。五是针对个别家庭教育出现问题的学生家长,进行约谈,面对面帮助家长解决问题。以上五种方式,基本构成 "学校教育、家庭教育、社会教育"相结合的育人网络体系,凝聚了德育力量。

(二)以"8个好习惯"系列教育为载体,实施全程育人

一是将"课堂教育、实践活动、行为疏导"相结合,依据学生的年龄特点和认知水平以及德育的内在规律,提出了以"礼貌待人、讲究卫生、学会学习、诚信做人、自我管理、遵守公德、增强体质、安全自护"为内

容的"8个好习惯"养成教育培养目标，并开发修订编辑吴忠市第十二小学学生"8个好习惯"养成教育校本课程系列丛书6册96课，内容涵盖校内外、课内外等小学生日常行为习惯，每课都安排"议一议、记一记、搜集、讨论、综合实践活动"等多种形式的教育活动，图文并茂，内容丰富，按照一月一评、逐项落实，循环往复、不断提高的原则，每一节内容设计有明确的德育目标，细化的德育内容，使课堂教育、实践活动、行为疏导有效结合。

二是创新方法，强化实践。学校围绕"8个好习惯"提出"重指导、重导行、重宣传、重评价、重家校"的教育方针，引领教师以"认知"为基础，以品德课教学为主渠道，强化认知；以"8个好习惯"道德实践活动为载体，强化导行；以广播宣传栏、班级文化等为主阵地，强化环境熏陶。使学生通过学习认知、活动导行、环境熏陶实现知行统一。最后通过家长、社区、同学、教师等多元评价方式，对学生校内外表现进行全方位评价，不但使家长、社区对学生的行为习惯教育发挥作用，而且使学生通过自我评价实现自我教育，使良好习惯得到有效巩固。

（三）班级文化显温情，特色展示促发展

彰显班级文化建设，营造学生成长温暖的家。每个教室门口都有一张设计精美的班级名片，班主任寄语、班训、班级合影等一目了然。走进每一间教室，电子白板等先进的多媒体设备，实现了教学技术的现代化。图书角上摆放着学生喜爱的图书，窗台上有学生亲手栽种的花草郁郁葱葱，室内墙壁上一张张"学习之星""文明好少年""环保小卫士"的照片，一幅幅学生精心创作的书画作品，一本本设计精美的优秀作文集等，都记录着孩子们的成长足迹。

班级文化建设为学生营造了阳光的成长环境，也体现了学校领导、教师、家长对学生成长道路上真正的人文关怀。

（四）注重校园环境建设，创建校园文化育人之境

健康优雅的校园环境文化，不但能彰显教育的无穷魅力，而且能给师生创造一个有形而庄重的心理"磁场"，它熏陶并影响孩子一生的成长。学校充分发挥校园文化对学生潜移默化的教育作用，通过种植高低搭配、四季有绿、三季有花、造型别致的花草树木。布置内容丰富、图文并茂的文化长廊，小喇叭广播、电子屏宣传，激励性的标语，有形无声的校园环境，正如春风化雨，润物无声，让学生以自己的情感体验吸收本民族特有的文化、精神、气质和神韵，让每一面墙壁都诉说着文明，每一个角落都是一个对学生进行习惯教育的潜在课堂。教育功能随处可见，人文关怀触手可及。

三、措施更新

学校建立了全面的、互动的、具有及时反馈等特点的管理机制和"日清月结"精细化管理模式，确保了学生常规管理的有效落实。每天，学校有一名校级领导、两名中层领导、若干名少队干部对学生的日常行为规范进行全天候的检查和管理，从学生进校、服饰发型、车辆摆放、卫生清扫、晨读、安全、课堂、课间休息、两操、课外活动、放学路队、财产管理、好人好事等，有检查有记录，有表扬有纠正。值周人员手中的"8个好习惯"荣誉卡，随时发放到拾金不昧、主动捡起纸屑、主动帮助同学等良好行为习惯的学生手中，学生凭手中的荣誉卡，结合班级的周考核、月评比成绩，在每学期的达标升级中取得相应的好习惯合格证。小学毕业时，依据获得的"8个好习惯"合格证的数量和等级，分别被授予第十二小学优秀毕业生或合格毕业生称号。这些措施使学校常规管理的命令式"你必须这样""你不能那样"为学生自觉自愿的"我想这样做""我应该这样做"，学校的常规管理得到了柔性落实。

抓学生的行为习惯养成教育，是平常而简单的工作，但把平常的事

情做得不平常，把简单的事情做得不简单，便能达到了预期的目的。通过几年有益的探索，学校目前已取得一些教育效果，学生的行为习惯有了明显的改善，并进而影响到了其学习动机、学习方法、学习成绩等诸多方面，学校办学效益逐渐凸显，每年转入学生 100 多人，在校生已由三年前的1600 多人发展到今天的 2000 多人，学校进入良性发展的快车道。

浅谈"如何有效帮助一年级新生形成良好的习惯"

杨学华

我国大教育家叶圣陶说："什么是教育，简单一句话，就是要养成良好的习惯。"良好的行为习惯又对人的一生起着重要的作用。著名心理学家威廉·詹姆士也说："播下一个行动，你将收获一种习惯，播下一种习惯，你将收获一种性格，播下一种性格，你将收获一种命运。"一年级是基础教育的起始阶段，是进行良好习惯培养的关键时期。习惯的好坏，不仅影响孩子的生活、性格、行为，并直接关系到孩子的学习和未来。因此，学生一入学，我就把班级工作的重点落实在培养学生良好的习惯上，如何帮助孩子们适应小学生活，自然而然地引导他们形成良好的习惯是我们一年级班主任研究的问题。

一、起点要低

一年级的学生刚入学只有六七岁，他们年龄小，家里孩子少，父母宠，长辈惯，很多孩子依赖性强，再加上没受过正规的教育训练，表现出很多不好的习惯。这时，我提醒自己切不可心急。俗话说："心急吃不了热豆腐"。我换位思考，站在孩子们的角度设身处地地考虑到他们的承受能力低，给他们制定低起点的目标。使他们踏踏实实、循序渐进，树立养成良好习惯的自信心。如刚入学时，孩子们还不懂得怎样做作业，为了克服学生在做作业上的畏难情绪，我每次布置的作业较少，并且在课堂上留下足够的时间带着孩子们做作业。同时提出了要求：做作业时，一不讲话，二不贪玩。只要做到了，就是认真做作业的好孩子。听似简单的要求，但是大部分孩子能做到，就这样认真完成作业的良好习惯就在日常学习中自然地形成了。

二、要求要细

一年级学生，天真活泼，以形象思维为主，对抽象的概念理解不够，也把握不好尺度。因此，教师对孩子们提出的学习要求不能太空洞、太笼统，要细、要实，要学生一听就懂，并且操作性强。如要求学生上课要专心听讲，那怎样做才是专心听讲呢？我就编了一首儿歌："小眼睛，看老师；小耳朵，听老师；小小手，举起来；不乱说，不乱动；这样上课真正好。"有时学生上课开小差，做小动作，教师一说儿歌的前半句，学生马上接儿歌的后半句，既复习了上课听讲常规，又有效地提醒、督促了不守纪律的孩子。

三、示范要多

一年级的学生天真活泼，对学校生活充满好奇，但他们明辨是非的能力较弱，有时不知道什么是对的，什么是错的。因此，教师要注意指导学生。而教育学生最有效、最直接的方法就是示范。首先，发挥教师的示范作用，如要求学生每天按时到校，教师首先做到每天按时到校，要求学生写方块字，教师首先写方块字；其次，发挥身边榜样的作用，如有的学生坐得端，我及时表扬，又如班内刘欢欢同学读书姿势正确，眼睛看书本，声音响亮，我就请她当众读，引导其他孩子向他们学习；还通过观看动画故事进行教育，如搜集有良好的学习、行为习惯的名人成长故事、成语故事、童话故事等，让孩子们在看动画片中受到启发和教育。

四、训练要严

教师提出的一些细小要求，如果不进行扎实有效的训练，等于是一句空话。训练要严格，要有不达目的不罢休的气概。如为了培养孩子们的文明礼貌习惯，我要求孩子们见到学校的每位老师都要打招呼，互相监督，如果有人不问好，必须提出教育。再如，为了强化孩子们的出操纪律，要求孩子们做到"快、静、齐"。每次排队时，我都从一数到十，告诉孩子们这就是排队的时间，必须在这段时间里排到指定的位置，不能拖拖拉拉，而且要做到不说话，不推人，身站正，队排直。虽然刚开始花的时间多，但这样几次三番强化教育，行为要求已深入学生脑海，并化为自觉行为，良好习惯慢慢养成，效率也就提高很多。

五、检查要勤

小学生持久性差，意志薄弱，容易出现循环往复的现象。培养学生的良好习惯是一项长期的、艰苦的工作。检查是督促孩子长久做好一件事情的良方。平时我对班里提出的要求勤于检查，采取定时检查和不定时检查相结合，全班检查和个别抽查相结合的方法。如每天早到校检查孩子们的家庭作业，每周一检查孩子们的个人卫生、周三检查孩子们的课外读书情况。不仅教师做到勤检查，而且我大胆培养一年级的小干部，明确分工职责，让每位小干部负责检查一个项目。如卫生委员负责每位学生的指甲及每天班级值日工作，课间侦查员负责课间纪律，体育委员负责检查每天的出操，副班长负责班级眼保健操的纪律，班长负责检查听到铃声响后正式上课前的纪律，学习委员负责组织课前准备等。这样教师查和小干部查相结合，既锻炼了小干部，又有效培养了孩子们自我管理的能力。

六、帮助要实

孩子们是一个个的个体，他们之间存在着各种差异，习惯方面的差异也是不可避免的。面对一些习惯不好的孩子们，要寻找原因，多加帮助。可以通过教育的耐心教育，父母的行为指导，学生的榜样熏陶来培养，想方设法，使其上进。如我班有几位同学听课习惯差，上课自控能力差，坐不住，乱叫乱动，不但自己学不好，还影响别人。通过与其父母接触，知道促使其养成这一不良习惯的原因有：一是幼儿园上的是农村幼儿园，学前教育不正规，自由散漫惯了；二是父母宠爱，认为好动是天性，纵容他们。我与其父母密切联系，要求在家注意培养孩子静心做事的习惯。为孩子设立一个独立安静的小房间：做功课时不允许做做玩玩说说；平时在家让进行下棋、画画、写字等安静的活动。同时，在校我安排他们坐在教室前面，尽量少受干扰；上课作业多督促，多给他们发言的机会，并在座位周围安排别的同学经常督促他们，多鼓励。通过多种方法的帮助，他们逐渐有了主动学习的意识。

七、评价要快

生活中我们每个人都急于知道自己通过努力所做的事会得到人们怎样的评价，一年级的学生更是如此。为了迎合学生的心理，在训练、检查过程中我细心观察，记录典型情况。好的、进步的及时给予表扬，表扬方式多样：一句赞许的话，一次亲昵的抚摸，一个笑脸贴画、一颗小红星印章、一次与老师合影等。当众表扬，个别批评，以鼓励引导孩子们树立自信。如学生刚开始做值日时，地总是扫不干净，桌椅总排不整齐。只要孩子们做了，我就表扬他们。即使是很不满意的时候，也用委婉的言辞，希望的语气提出，保护学生爱班级、讲卫生的热情。在不断地激励中，学生劳动越来越积极，教室内卫生令人满意。

八、联系要密

学生良好习惯的培养，不仅要靠学校的重视，更要发挥好家长的协助作用。如我充分利用每次开家长会带领家长学习关于一年级孩子生活、学习、行为、礼仪等方面具体要求的文摘或报道，让家长成为培养孩子形成良好习惯的领航人。同时，在日常班级管理中针对学生存在的普遍问题、个性问题通过校信通、发短信、打电话、家访等方式与家长沟通，取得家长的关注与配合。这样，有的放矢、双管齐下的培养，必将有利于孩子良好习惯的形成。

养成良好习惯为幸福人生奠基

梁贵明

我国古代教育家孔子说："少若成天性，习惯成自然。"也就是说，什么样的习惯是从小养成的，成人就会形成什么样的性格。因此，一个人应该通过教育来养成良好的行为习惯，良好的行为习惯具有深远的影响，这种影响将伴随我们的学习和生活，其干预的形式的一种无形的细节在我们的生活中，主宰我们的生活。然而，一个人的好习惯不是天生的，不是一蹴而就的，是在发展的过程中养成的。如何培养小学生的好习惯，教师需要从细节入手，潜移默化地培养孩子的行为习惯。身为一名人民教师，我深深地知道：学生的习惯养成教育是多么地重要，它将影响着学生一生的发展，影响着学生人格的形成，影响着学生自信心的建立。因此，从踏上工作岗位那天起，我从未放松过对学生的习惯养成教育。小学阶段是孩子生理、心理急剧发育、变化的重要时期，也是道德行为习惯培养的最佳期，从道德行为习惯入手，是发展小学生品德的最有效途径。少年儿童时期养成的不良品质和习惯日后很难矫正，有的甚至可能伴随人的一生。而养成良好的品质和习惯则终身受益。养成教育是一种点滴入微的教育,需要日积月累、持之以恒、常抓不懈才能取得实际的效果。小学生在生活上养成良好的生活习惯是非常重要的,这对于小学生未来的发展具有非常重要的意义。小学生养成良好的生活习惯,才能够注重自身的清洁,注重所处环境的清洁,能够爱护自己、爱护环境。这也是学生素质高的重要体现,因此,对小学生良好生活习惯的培养是非常重要的。

一、养成教育要注重对好习惯的认知

良好行为习惯的形成,是学生日后成才的重要条件。现代心理学研究证明,一个人成才所受的影响,非智力因素约占75%,智力因素约占25%。良好的习惯是非智力因素最主要的方面,所以,培养良好的习惯,对学生的一生有重要作用。朱熹说:"论先后,知为先;论轻重,行为重。"可见知与行是不可分的。对学生进行行为习惯养成教育应从学生的认知特性出发,注重认知的实施。对小学生的行为习惯实施养成教育,首先要让学生明白哪些是良好的行为习惯、哪些行为习惯不能养成、为什么要有良好的行为习惯,让学生形成共识,从而取长补短,改正自己不良的行为习惯。

叶圣陶认为:"我们在学校里受教育,目的在养成习惯,增强能力。习惯越自然越好,能力越增强越好"。他说:"凡是好的态度和好的方法,都要使它成为习惯。只有熟练得成了习惯,好的态度才能随时发现,好的方法才能随时随地应用,好像出于本性,一辈子用不尽。"把一个信念播种下去,收获到的是一个行动;把一个行动播种下去,收获到的是一个习惯;把一个习惯播种下去,收获到的是一个性格;把一个性格播种下去,收获到的是一个命运。习惯培养的意义就在于此。

(一)培养和训练良好的行为习惯,要从小事抓起,并持之以恒

良好的行为习惯必须从小事开始训练,不能等到行为习惯形成以后再去纠正。纠正虽然是难免的,但这不是教育者的主要工作。我们的教育对

象是可塑性很强的学生，我们的主要任务是塑造美的心灵、美的人格。因此，要力争主动，并要有具体要求。例如，卫生习惯的养成，学校明确要求学生做到：不弄脏桌椅、墙面，不乱丢纸屑，倒垃圾入箱，见纸屑就拾。在净化学生的心灵上下功夫，由他律转为自律。

（二）培养和训练良好的行为习惯，要坚持严格要求，启发自觉

训练，都要标准适度，在严格要求学生的同时，还要不断启发学生的自觉。通过说理教育和情感体验来提高学生的道德认识，激发学生的自觉行为。

（三）培养和训练良好的行为习惯，要目标明确，方法灵活

学校开展任何活动，都必须考虑到对学生的教育作用。以培养学生良好行为习惯为目的而开展的活动，就一定要从提高学生素养着手，做到目标明确。教育方法要多样，不拘一格，多方位，全角度，多形式。

（四）培养和训练良好的行为习惯，要注重优化环境、形成气候

好的校风不但能够促进集体成员良好的行为习惯的确立和定型，而且能够改变不良行为习惯。因此，学校创建好的校风对学生良好行为习惯的形成也是非常有益的。首先，整洁优雅的校园环境能陶冶人的情操，美化人的心灵。这种无声的教育，其收益往往是有声的教育无法代替的。其次，发挥校园宣传阵地作用。学生的行为习惯往往受到外界评价的影响，学校通过营造一个和谐、向上的良好行为习惯的氛围，来无声地提醒学生的行为，从而逐渐培养他们养成良好的行为习惯。

（五）培养和训练良好的行为习惯，要抓反复，反复抓，常抓不懈

抓学生的养成教育不是一劳永逸的事，因为面对的是一个个可塑性强、模仿性强的孩子，他们的行为习惯往往会受到社会家庭的影响。因此，学校要制定目标，反复抓、抓反复。要常抓不懈。学生良好的行为习惯的养成不在于一次活动、一个讲座……它需要教育工作者运用符合学生心理的教育方法，反复地加以磨炼，才能收到春风化雨般的效果。

二、养成教育需要形成多位一体的机制

小学生不良行为习惯的出现，既有家庭、社会、学校的客观因素，又有小学生自身发展的因素。因此，加强小学生行为习惯的培养需要我们构建学校、社会、家庭、学生四位一体的教育网络，齐抓共管。法国学者培根说："习惯是人生的主宰。"我们当老师的只有用爱心、耐心、细心、真心去培养学生的习惯，才会为他们的美好人生奠定坚实的基础，让他们快乐茁壮地成长。

三、养成教育应从早、从小抓起

养成教育行为的特点决定了必须重视小学生的细微行为，敏锐地发现儿童不良行为的苗头，及时教育，及时矫正，遏制不良行为习惯的形成。要从"早"、从"小"抓起，不放过学生的任何一个不良行为，及时教育学生"勿以恶小而为之"，防止学生养成不良行为习惯，影响学生的健康成长。比如：不在校园走廊上打闹，衣着整洁，见到老师要问好，要主动给老人让座位等。这些看似是平常的小事，却会对小学生以后的行为产生影响。良好的道德素质是建立在很多良好的道德习惯上的。如果教师注意到了学生的某种行为的出现，对学生肯定这种行为，对这样的行为提出表扬或奖励，这种细微行为就会让执行者的认识得到升华和飞跃，会不断实践这样的行为，从而形成良好的行为习惯。教师通过这样的方式，不断强化学生好的行为习惯，弱化坏的行为习惯，这就是养成教育。

四、养成教育需要评价体制来促进

评价是促进学生良好行为习惯养成的重要手段。及时对小学生养成教育进行评价是我们做好养成教育工作的有效途径，它能促进学生产生强烈的荣誉感，从而促进学生自我控制能力的增强，提高学生的自觉性和意志力，做到知行统一。因此，我们要在养成教育的评价中树立典型，以奖励

为主，平时尽可能经常使用口头和体态语言对学生进行表扬和暗示。我在对学生进行习惯训练过程中，其实是遇到了这样那样的困难，但我都遵循了循序渐进、循循善诱的原则，随时把关注的目光洒向所有的学生，随时提升他们的信心，鼓励他们的点滴进步。同时在其训练的过程中，我和同学们都持之以恒，坚持不懈，让各种习惯在不断的重复中、检查中、纠正中加以巩固，让其好习惯自然养成。法国学者培根说过："习惯是人生的主宰。"我们当老师的只有用爱心、耐心、细心、真心去培养学生的习惯，才会为他们的美好人生奠定坚实的基础，让他们快乐茁壮地成长。美国经济学家约·凯恩斯说："习惯形成性格，性格决定命运。"对我们小学生来说，养成良好的生活和学习习惯就会终身受益，成就美好人生。

五、与家长密切配合

除了学校外，学生停留最多的就是家庭了。家庭环境的好坏在很大程度上决定着学校教育能否成功。因此，老师在教学工作中，除了在学校坚持培养学生良好的行为习惯外，还要与家长密切联系，请求家长配合老师的工作，使学生不仅在学校保持良好的行为作风，还可以在校外继续坚持下去，形成良好习惯，使习惯成自然。因此，在家庭的学习过程中，家长也要督促学生的行为，时刻提醒学生要养成良好的行为习惯。

做为一名现代家长，在孩子的教养过程中，应注意从孩子的牙牙学语阶段，就注意教育他学会礼貌用语。家长在教养过程中要让孩子学会说话和气、举止文雅、活泼大方、形成待人诚恳、落落大方的良好习惯。孩子最早接受的教育是对生活环境中接触最多的人的模仿。模仿是孩子最早的学习方式，父母如何待人、如何做事、如何学习等行为，对孩子来说，就是一本没有字的生动教材。所以父母的良好习惯是培养孩子良好习惯的主要前提。父母的日常行为习惯是教育子女最好的典范。父母在日常行为中要处处小心谨慎，处处以自己的模范行为来影响孩子，感染孩子。尊敬长辈是传统美德，教育孩子尊敬长辈，父母首先要尊重老人，使孩子幼小的心灵受到感化。使孩子学会从小就尊重别人。教育孩子在学校，见到老师或同学，要主动说一声"老师好"或"您好"，同时报以微笑；在接受别人的帮助时，要微笑着向别人致谢；在别人不小心冒犯了你时，要用微笑表示你的谅解；尊敬、爱护和关心老人，尊重外地人、有困难的人或残疾人，对他们有礼貌，给他们力所能及的帮助和方便等。

在工作中，老师要经常与家长沟通。可以定时开家长会，经常进行家访，能够及时了解学生在家中各方面的情况，及时得到反馈的信息，并对学生的坏行为作出及时的纠正。在老师与家长的不断沟通、互相配合下，让学生养成坏习惯的机会减到最少。在教学中，学生行为习惯的好坏、教育任务的完成，对于学生的发展都有重大的影响。因此，对于每位教育工作者来说，我们不能只重视学生的学习成绩而忽视学生良好行为习惯的养成。

总之，习惯的养成是一个长期的、反复的、不断强化的过程，要抓住时机从点滴做起，只有长期、反复、不断强化，加深烙印，习惯成自然，才能促进学生从小养成良好的习惯。

一个单亲家庭的孩子习惯教育案例及分析

张晓蕾

一、案例介绍

陶亮是一名个子较高、胖胖的男生，是一个单亲家庭的孩子。他在课堂上不能做到专心听讲，时常在课上插嘴。老师批评时他很不服气，是个倔强的男孩。我刚接班时第一天，他就给了我一个下马威。我在上面讲，他在下面讲，一点也不怕。下课他经常和别人发生矛盾，行为习惯较差，还常常被任课老师批评，如果遇到他感兴趣的问题时，他也能积极参与同学们的讨论。虽然作业他能完成，但阅读能力和理解能力差，成绩一直在七八十分徘徊。平时他的自理能力较差，不能理好书桌，经常是乱七八糟的，就跑出教室玩了。经常从他的嘴巴里会冒出一些脏话，有时见到自己喜欢的文具会占为己有。

二、分析原因

1. 与陶亮的爷爷的谈话中我得知，这是一个单亲家庭的孩子，孩子刚入学时父母一直争吵不休，最终离婚。陶亮跟着爸爸和60多岁的爷爷、奶奶一起生活。他的爸爸忙于工作，一个月才回来一次，管不了孩子。几年来，孩子的学习、生活都由奶奶管。陶亮这种情况，隔辈人能不疼吗？孩子上学了，每天清晨为了让孩子多睡一会儿，奶奶就免去孩子的刷牙洗脸，并包办孩子穿衣等一切事情。学习上哄着陶亮学习，但孩子只要说学会了，奶奶就不再查了。奶奶具体指导得也少，平时迁就他的时候太多，严格的时候太少。上学时奶奶也嘱咐孩子，表面看叮嘱或训斥对于孩子来说早就习以为常，入不了耳，入不了脑，也就更入不了心了。

2. 陶亮从入学以来没有养成好的习惯。在学校写作业时，他常常是边写边玩，很不专心，有时还捅同学一下，影响他人。看到作业中错题，又不爱动脑思考，总希望老师、同学直接告诉他答案。

3. 老师的教育和批评指正没能做到及时有效。一开始我常常采用的方法是点名或走到他的身边，以示警告或提醒。下课时老师与陶亮沟通交流得少，有时疏忽了对他课后的教育和帮助。这样，就使他的一些坏习惯未能得到及时的解决。

三、辅导方法

其实对陶亮这个淘气的孩子，我对他付出很多，效果就是不明显，有时甚至不想去管他。可是一想起要做好班主任工作，最根本的一条，是对教育事业的献身精神和对孩子的挚爱。要用自己的心灵，自己的真诚，自己的爱去温暖学生，抚育学生，引导学生，让他们健康成长。我深知教师的爱是一种神奇无比的精神养料，它既不需要美丽动听的词汇，也不需要慷慨激昂的说教，而是悄无声息地渗透在教师的言行之中。它浸透学生的心田，使学生幸福、自豪，萌发善良崇高的情感，增添奋发向上的力量，它点燃学生智慧的火花，激发起攀登科学高峰的雄心壮志。想起这个单亲家庭的孩子，他比别人更需要爱。想起陶亮的奶奶满含热泪地说："老师这孩子全靠你啦！在家是我，在校是您——老师。"老人殷殷的期盼和孩子无邪的目光，我就下决心，一定要把陶亮不良的毛病改过来。我牢记一句话：没有不好的孩子，只有不称职的老师。

1. 为他创设良好的学习氛围。我把陶亮从第三排位置调到第一排，以便随时观察到他，并即时纠正他的行为。还有他的周围都是好学生，要求他们在课上不随便与他说话，使陶亮能专心地听老师讲课，我还指定一位同学提醒他准备好下一节课用具再出去玩。

2. 我与陶亮共同制定学习、纪律、良好习惯等奖惩措施，为他设立评比表，评价为：有进步、真棒。一周如得到三次真棒奖励卡，可以得到班级奖励。在班中我经常表扬他，让他体验成功。比如，他写字有些进步，我就拿出他写的作业本表扬一番，并给予最好的等次。让他在学习上增强信心，提高学习的积极性。

3. 我及时与陶亮的爷爷联系，通过双方配合，逐步培养了他回家认真写作业并及时复习的习惯。老师每天帮助他记清作业，回家后由家长督促其完成作业，并做好复习。循序渐进，一开始从提醒、督促、再过渡到自己独立复习，第二天由老师检查。

4. 多与他交流，把我的爱心、热心、诚心、耐心多给予陶亮，把他当成是自己的孩子。我经常有意在他面前当着别的老师表扬他，每次他都会朝我腼腆一笑。

5. 他平时阅读课外书较少，我让他买了一本《走进阅读》，每天做一篇，利用课余时间给他补缺补差，使他的成绩有了很大的进步。

功夫不负有心人，经过一学期的努力，陶亮的学习、纪律、行为习惯方面都有了很大进步，任课的老师都反映陶亮简直就像变了个人似的。表现在：上课不再插嘴和随便讲话影响课堂纪律了。作业中的错字明显减少，字迹端正，有些作业甚至超过了一些好同学。上课专心听讲，课上抢着发言。经常帮助班里做好事。学习成绩有了很大的提高。默写成绩有时也能达到100分。一学期里，从不拿别人的东西。更让我欣喜的是他与我建立了深厚的感情。

四、我的反思

陶亮的进步使我深深地认识到：

1. 教师一方面要用爱心去关爱每一位学生，还要给予学生更多的激励和重视，教师要保护孩子自尊心，增强自信心。同时也要创造机会，让他们表现自我，让他们体验成功。使他们在集体中得到快乐，得到发展。

2. 老师应是架起家庭与学校共同教育孩子的桥梁设计师，需要付出许多艰辛的劳动，只要教师用真情感化家长，使家长感受到老师所做的一切都是为了自己的孩子着想，那么家长一定会配合学校共同教育孩子。

3. 教师应善于抓住学生的闪光点，不失时机地给以鼓励，点燃其自信的火花。自信来自愉悦的氛围，自信来自成功的体验，自信来自众人的激励，自信是成功的第一秘诀，因为拥有自信，也同时拥有成功。

4. 作为一名教师，特别是一名班主任，神圣职责并不在于向学生传授书本的知识，更在于对学生精神世界施加的影响，这影响的力度首先取决于对学生的爱。教育工作的全部的意义，在于唤醒每一颗善良的童心，尤其是单亲家庭的孩子们，使他们和其他孩子一样，享受阳光的照射，雨露的滋润，使他们茁壮成长。作为教师，我更多更深的体会是，要学会等待，不能急躁，要学会宽容，容忍学生的过失和所犯的错误。天长日久，教育的效果是会慢慢体现出来的。

浅谈小学生良好行为习惯的培养

周新荣

对小学生良好行为习惯进行有针对性地培养教育，是提高学生综合素养的有效保障。小学生很容易受到教师和家长的道德观、价值观和世界观的影响，所以，教师和家长要抓住小学阶段学生道德素养形成的最佳时期，有针对性地进行良好行为习惯的培养。

一、对学生言行进行规范

认知和行为是紧密联系在一起的，对学生行为习惯的培养需要结合认知的改变来进行。在实施的过程中要循序渐进，比如在刚开学的时候，可以花费一周的时间进行思想道德培养的宣传，让正确的观念潜移默化于学生的内心。在进行教育宣传的时候，可以将学校养成教育规范一一讲解给学生，为学生今后的行为习惯养成设定一个大致的目标，在新学期开一个好头。在讲解规范要求后，还可以根据学生的实际情况有针对性地进行班规的制定。在老师的正确引导下，能够让学生在日后的生活与学习中逐渐产生自律性，从而不会偏离正确的道路。

二、为学生树立正确的榜样

教师与学生接触的时间多，教师的习惯很可能会潜移默化地影响、同化学生。对于小学教师的道德素养要求也相对较高，需要教师以身作则，为学生树立一个好的榜样，指引学生在学习生活中，正确地处理可能发生的问题，进而形成自己的固有思维和解决问题的思路。在众多学生的眼中，教师不仅是教导自己知识的领路人，更是教导自己道德品质和为人修养的指路标，因此，教师的一言一行都需要注意对学生的影响。在教育学生的时候，教师自己首先不能犯错，教师的衣冠举止和为人师表的言行都需要三思而行，进而维持自己的良好形象。如果不能很好地为学生树立榜样，就得不到学生的尊重。生活与学习是密不可分的，教师在两方面都需要给学生做出正确的引导，才可以履行好自己的职责。在教育教学中需要使用正确的引导方法，比如学生在生活或者学习中犯了错误，不应该施以惩罚，惩罚并不能令学生深刻地意识到自己的错误，一旦惩罚结束就可能恢复到原来的状态，这是因为学生并没有在意识层面上完善自己，只在行为上制止错误的行为。对于这样的情况，教师可以召开一个主题班会，让学生自己从自身找出问题，并提出解决的方法。在班会中为了活跃气氛，还可以加入一些日常生活的例子来加深学生的印象。比如，教师在看到废纸等垃圾的时候，会随手捡起来扔进垃圾桶。学生就会从教师身上学习到保护环境，进而形成爱护环境的良好习惯。潜移默化之下，学生就会形成正确的道德修养与良好的生活习惯。

三、关注生活中的点点滴滴

教师在教学过程中要教给学生各种正确的知识，并且教导学生从生活的一点一滴开始做起，逐渐将认知与行为有机地联系起来。教师在学生思想道德修养习惯的培养中，需要以大量的实例作为道德教育资源，来指导学生进行正确的习惯培养。比如看到老人坐车要主动让座，看到走路不方便的人过马路需要伸出援助之手……这些活动在课堂上也可以通过情景互动的方式做模拟训练，让学生在玩游戏般的活动中逐渐养成好的习惯。还可以举出一些反面例子，或者奖励制度等方法进行习惯教育培养，最终使学生养成良好的习惯。

四、建立监督与奖励机制

学生良好道德素养的培养，需要良好的氛围才能达到事半功倍的效果。教师在教育教学的过程中，可以建立奖罚制度来作为学生好习惯形成的催化剂，从而激励学生主动培养自身素养，最终达到高效完成教育教学目标的目的。还要建立监督制度，让同伴互相监督，比如一个学生乱丢垃圾，大家就会对于这种错误的行为进行举报和纠正，从而保证他不会下次再犯。同时，对优秀的学生要进行表扬，形成良好的教育氛围，也促进了良好班风的形成。

"8个好习惯"在数学课堂的渗透

李春燕

萨克雷说："播种一种行为，收获一种习惯；播种一种习惯，收获一种性格；播种一种性格，收获一种命运。"习惯之形成，在于同一行为的反复强化，性格之养成，乃是通过外在习惯的内化。

一个人的行为在很大程度上受思想的影响，而长时间的行为便会成为习惯，习惯对一个人命运的影响也非常重要，由此可见习惯的重要性，所以我们从小就要教育学生养成良好的习惯。作为一名小学数学教师，在小学数学教学中也要教育学生养成良好的学习习惯。不少教育家也指出："教育就是培养好习惯。"目前，小学生在学习数学的时候往往有一些不好的习惯，如有的学生写字不工整，常常忘记数字和符号或点错小数点；有的学生马虎大意，做完题后不验算；有的学生没有自己的思路，喜欢照抄现成的答案；有的学生对自己做错的题，不进行反思，下次仍旧犯同样的错误。所以，教师必须对学生进行数学学习习惯的培养。结合我校开展的"8个好习惯"教育，在数学学科里，如何培养孩子的良好学习习惯呢？下面我谈谈自己的一点做法和感想。

一、培养课前预习的习惯

要提高学习效率，课前预习是一个重要的措施。它可以帮助我们把握新课的内容，了解重点、难点，听课时学生会带着自己的问题和目的进行听课，听课的效率相对比较高，而且通过预习，学生对教师所要讲解的内容已经有了一定的了解，在听课时不至于盲目和无所适从。在预习过程中，我会提前给孩子们设置一个预习单，回家以后孩子们只要按预习单完成任务，不会的用笔勾勒出来，第二天上课注意听老师讲解，这样坚持下来，班级学生不仅成绩提高了，还提高了学生自学能力。同时能发现自己学习中存在的问题，使学习效果事半功倍。

二、认真听课的习惯

小学生活泼好动，对事物不能保持长久的注意力，因此，为了保证学生在有限的时间内掌握足够多的知识，必须培养学生认真听课的习惯。在教师讲解的过程中，要指导学生养成正确记课堂笔记的习惯。教师指导学生在课堂笔记中所要记录的内容，一般只记知识点、提示或者概述等，在课后对其他内容进行整理填充。让学生学会抓重点和难点的方法，学会在课上调节自己的注意力，提高听课的效率。学生在上课的时候要注意听同学的发言，这样既可以促进自身的思考，也可以对同学的答案做出判断并补充。例如：每次讲到重点或难点知识时，我会让学生回答相关问题，然后请别的同学复述内容，长此以往，让学生感受听的重要性。

教师还要培养学生听与思考同步进行的习惯，如每天可让学生做五至十道口算练习题。听算是训练学生认真听的一种方法。由学生听教师口述的题，独立找出题中给出的已知条件和所求问题，并列出算式。因为，学生只有认真听了，才有可能写出题中的关键。因此，在教学中对学生进行听的训练，有利于培养学生的学习习惯。通过多年的经验总结，我认为要想培养学生优秀的听的习惯，必须做到下面三点。

1. 营造良好的课堂环境。如事先要准备好课堂必备的教具学具，创造舒适的学习环境。

2. 激发学生的学习兴趣。教师可以通过多种方法来吸引学生的注意力，如创设适合的课堂情境，如做游戏、讲故事等，都能激发学生高度的学习兴趣，注意力也能更集中。

3. 教给学生多种技能和技巧。学生有了这些技能和技巧，学习起来就能事半功倍。如在学了两位数的加减法之后，再学三位数的加减法就很容易了。另外，学生在听课时由于对课堂的兴趣以及对教师的喜好不同，一般都会带着自己的情感色彩听课。因此，要培养学生认真听讲的好习惯，教师还必须从自身做起。教师要付出自己的真心诚意多与学生沟通和交流，和学生建立起融洽的师生关系，还有就是要想方设法采用多种教学方式和方法来激发学生对小学数学的兴趣，只有学生对教师认可、对教学内容有兴趣，才能够认真听讲，从而提高课堂的效率。

三、培养学生认真读题、审题的习惯

在做数学题的时候，首要的任务就是读题，只有通过认真读题，才能正确地理解题意，弄清楚题中给出的条件与问题的关系，这样有助于在头脑中形成一个清晰的印象，为下一步的解题做好铺垫。在教学中，我注重让学生在读题时要做到 "三到"，即眼到、口到、心到。其中，"心到" 最为重要。认真读题有利于学生对数学知识的理解，配合教师及时进行抽象概括，既可以培养学生的语言表达能力，又可以培养学生的观察能力和思考能力。一定要让学生养成认真读题的习惯，尤其数学题目中有很多数据，稍有不注意，就会出现混淆，通过认真读题，学生可以全面了解题目所传达的信息，并把这些信息进行分类整理，选择对自

己有效的信息用于解决问题。认真读题有助于提高小学生解题的正确率。

在小学数学的教学中，应用题一直是难点。很多学生在读完应用题后觉得无从下手或者是读完后立即做题，之后却发现由于没有弄清题意或者由于马虎看错数字、运算符号等，没有把题目做对。这些都是没有认真审题造成的。因此，要想让学生能够把自己会的题目做对，必须养成认真审题的习惯。审题训练可以促使学生养成认真严谨的好习惯，使学生做题的速度和质量都可以提高。在做题之前教师要告诉学生仔细阅读题目，如果时间充足要连读两遍，通过读获取对自己有用的信息，比如题目要解决的问题，通过思考找到解决问题所用的方法，在阅读时让学生用手指着题目放慢速度，对一些有用的信息还可以用笔画出，以此来保证审题的正确性。审题是贯穿整个解题过程的，所以要求学生要时刻保持高度的注意力，既要保证题目的全面，又要保证运算过程中，数字以及运算符号或者计量单位等信息的正确性。只有养成认真审题的习惯，才能保证题目的正确率，从而保证成绩的稳定性。

四、认真完成作业的习惯

除了考试，作业是最能够反映学生的学习态度、学习习惯以及学习成效的。良好的作业习惯包括丰富的内容，不仅要认真仔细、书写工整，最重要的是要独立完成。作业是对学生掌握教学内容的一种考查，只有通过学生独立自主地完成，才能反映学生真正的掌握情况。因此，作业必须要求学生要独立完成。在独立完成的过程中要认真仔细，保证会的题目能够完全做对，并且做完之后要对题目进行检验。但是，有很多学生由于粗心大意把题目做错，然后开始后悔，实际上这是对学生能力素质培养缺失的一种体现。在教学中，大多数教师都忽视了对学生这方面的训练和培养。所以，在教学中，教师一定要严格要求学生工整书写，认真仔细。对题目的检验一般会有多种方法，教师要非常注重对学生这方面的指导，针对不同的问题或者内容，指导学生选择出最适合的检验方法。总之，学生只有具备了良好的学习习惯，才能在考试中取得优异的成绩，也才能使自身的素养得到提升。在教学过程中，教师一定要非常注重对学生良好学习习惯的培养，力争引导每一名学生都能具备良好的学习习惯，并且严格督促学生，使学生的这种良好的学习习惯长久地保持下去。我相信，只要教师和学生坚持不懈并反复训练，那么学生学习成绩的提高一定会水到渠成。

五、培养学生良好的验算习惯

《义务教育数学课程标准》要求："要培养学生对结果的合理性进行判断的能力。"验算就是检验答案是否正确。学生养成验算的习惯，有助于对自己的学习进行及时的反思，进而不断掌握新的学习方法，促进学习成绩的提高。那么，教师在教学中应如何培养学生的验算习惯呢？

1. 在计算之前先估计结果的大致范围

例如：一个篮球 69 元，王老师买了 4 个，一共多少元？学生的算式是：69×4，然后把 69 看成 70，计算的结果接近 280，但又比 300 小。如果最后得出的答案比 280 小很多或比 280 大，就说明计算错误，应该重新计算并找出错的原因。

2. 联系实际判断计算结果是否合理

100 米+65 厘米=165（厘米）。这时，教师应实时引导学生联系生活进行判断，正常人的身高不可能是 165 米，一定是计算出现了错误。经检查后发现，错误在于单位不同的数不能直接相加，必须化成相同的单位才能相加。

3. 利用加减关系和乘除关系进行验算

例如，李叔叔买了一双鞋 283 元，给售货员 300 元，应找回多少元？学生列式算出 300−283=17 元，也有等于 27 元的，这时，教师就可以引导学生思考，用找回的钱和买鞋的钱相加，看是否等于300元。所以说，减法可以用加法验算，加法同样也可以用减法验算；除法可以用乘法验算，乘法可以用除法验算。

六、课后复习的习惯

在新课讲授完成后，如果不能对所教学的内容进行及时复习，那么学生很容易就会遗忘，因此，在课后学生一定要养成及时复习的习惯。对于复习的方式可以个人单独进行，也可以结伴进行，这要根据教材内容以及学生的具体情况来定。关于复习的顺序一般有两种，一种是按照教师板书的顺序，从提纲要领到具体部分；一种则是按照教材安排，从课题到重点内容再到例题等，复习是一个循序渐进的过程，要按部就班。在复习的过程中，可以充分利用课堂笔记，课堂笔记一般都是记录的重点或者大纲，对笔记进行填充的过程就是对课堂内容进行梳理的过程。因此，利用课堂笔记进行复习也是一种不错的复习方法。对于复习的时间间隔来说，一般是课后及时复习，等知识掌握以后，每过一段时间复习一遍，以便达到温故而知新的目的，当然这种复习的间隔随着复习次数的增加会越来越长。学生还可以通过做一些练习来检验和巩固复习的成效，并通过一些综合性稍强的题目达到把知识联系起来组建知识网络的目的。

良好的数学学习习惯不是一夜之间就能养成的，必须依靠教师持之以恒地对学生进行正确的数学学习习惯的培养。只有这样，才能培养出具有良好数学学习习惯的学生。而一旦学生养成了良好的学习习惯，就能形成合自己学习特点的学习模式，促进自身整体数学素养的不断提高，并受益终身。

在信息技术课上如何培养学生的良好习惯

吴海霞

习惯的力量是巨大的，人一旦养成一个习惯，就会不自觉地在这个轨道上运行。如果是好习惯，则会终身受益。应该怎样去培养孩子良好的学习习惯呢？作为信息技术教师，我有以下几点体会。

一、培养良好的行为习惯

学生刚上信息技术课，对于计算机很好奇，不知道怎么对待这个"新朋友"，尤其是家里没有计算机的孩子，怎样在信息技术课上培养学生良好的行为习惯呢？就要有循序渐进的培养计划：首先我让学生提前 5 分钟排队，然后按小组进入教室。因为计算机教学存在着待机时间，学生按铃声进入教室会耽误上课时间。如果提前几分钟进入，可以使授课和练习时间充足。其次，培养学生坐姿，让每个学生知道离电脑的距离，怎样的坐姿对自己身体和视力有好处，进入计算机教室应该遵守哪些原则，在下课后，应该关好计算机，盖好显示器，摆好椅子。第一节课就培养学生良好行为习惯，下次上课学生就知道自己应该怎样做，这样节省了老师重复维持秩序的时间。学习只有在学习中有良好的行为习惯，才可以为进一步学习创造良好的学习环境。

二、培养课堂学习的常规习惯

信息技术课是学生动手操作最多的课程，怎样让学生能听进老师的讲解后再操作呢？这就需要教学技巧。

1. 培养学生倾听的良好学习习惯。会听，就是指学生在课堂中不仅对教师的讲解、同学的回答听清楚，听明白，而且还要对教师、同学的观点进行比较、鉴别、评判和再认识。学生在信息技术课上往往在老师还没有讲清楚的时候就动手操作，结果是只听了前面，后面不知道怎样操作，要老师帮助。或者是就想动手操作，根本不听老师在说什么。因此要让学生会听，首先让学生要听。这就需要我们教师对自己的上课提出更高的要求。首先要认真学习、深刻领会教材的编写意图，精心设计教学过程，灵活地驾驭教材和课堂。在教学中，要因材施教，选择恰当的教学方法，精心设计既有趣生动又平等、民主的课堂教学氛围，使学生有强烈的求知欲望。在课堂教学中，要随时注重激励手段的应用，鼓励学生充分发挥能动性。因为，教师的一句鼓励的话，一个可亲的微笑，一个赞赏的眼神都能给予学生一种激励的力量。

2. 培养学生良好的交流习惯。积极创设给学生"说"的机会。教师在让学生倾听完同学或教师的发言后，请学生用自己的语言概括说一说同学、老师的发言。

（1）教师应关爱出错的学生，给学生再次展示自我的平台。在课下我跟学生聊天时，问学生：为什么不爱回答问题呢？学生说：怕说错了。我继续问他们：那你没有说，怎么知道自己是说对了还是说错了呢？学生们就不好意思地低下了头。其实，学生在课堂中难免会出现差错，教师不能以一个"错"字堵住学生的嘴巴或亲自把正确答案双手奉上；更不应该急于求成，轻易地判断对与错，而是应该把学生的"错误"展示出来，给他再次思考的空间，让学生自己找出错误，说出错误原因，体验成功的喜悦，这样的教学更易于学生接受。要鼓励学生敢于发言，说出自己的想法，虽然有差别但是敢于说出来也是好样的，这样学生才敢说，才可以说对。

（2）养成良好的交流习惯。学生之间有交流才有进步，才可以互相学习，尤其是信息技术课，更需要学生之间的交流，在交流中可以让学生互相学习，互相提高。其实，信息技术课的课程，很多的同学在家里就已经学会了，到课堂中来，他们就可以帮助老师指导其他同学，通过交流，学生掌握得更牢固。

3. 培养自学的良好学习习惯。自学是获取知识的主要途径，就学习过程而言，主要靠自己去解决，教师只是引路人。通过阅读教材，可以独立领会知识，把握知识的本质和内涵，尤其是信息技术课，很多知识都是自己通过书本和实践得到的。教师有意识地设计教学环节，让学生通过自学掌握知识，而且自学的良好学习习惯要靠教师长期的培养，仅仅依靠一节或者几节课就可以培养出来是不可能的。一旦学生自学的学习习惯培养好以后，无论是在学生时代，还是成人后，对获取知识都有很大的帮助，因此培养自学的良好的学习习惯，终身受益。

4. 培养大胆探索的学习精神。信息技术课必须要学生有探索精神，这样才可以得到更多书本上没有的知识，因此我放手让学生们自己去探索，学生在学习过程中解决遇到的困难，就非常高兴，脸上洋溢着喜悦之情，体会到了自己探索知识的无穷乐趣。

5. 分组学习，严格管理。学生对计算机的爱好和热情是非常大的，学习的积极性也比较高，但小孩子贪玩的天性是难以改变的，在以前的教学中也发生过一些不良的现象。例如：上课教师缺乏严格的管理，导致一段时间很多鼠标不能正常使用，这给教学带来了很多不便。针对这种情况，我在教学中采取了分组学习管理的办法，把学生分成若干小组，每个小组由小组长管理，上课前先由小组长检查每个电脑的配件，例如鼠标、键盘有没坏的等，上完课后还要检查完毕才可以离开。这样不仅对计算机的硬件管理和维护带来了好处，还培养了学生爱护学校财产的精神，并且有了规范的管理，学生的行为习惯也得到了约束和培养。并且小组学习可以帮助那些操作比较差的同学，老师毕竟是一个人，要帮助的同学实在是太多了，不可能把每个同学都照顾到，有了小组学习，可以互相帮助，让学生体会到集体学习的乐趣。有的时候，小组之间都会互相帮助，通过这种形式，学生们学习到了很多书本上没有的知识，互助学习也培养了学生之间互相帮助的良好习惯。

总之，培养学生良好的学习习惯是每个教师的责任，除此以外还应该言传身教，起到好的示范作用，持之以恒地培养学生良好的学习习惯。

浅谈学生"8个好习惯"养成教育

丁晓园

《中共中央关于加强和改进中、小学德育工作的通知》中指出："德育对中小学特别是小学生更多的是养成教育。"为此，吴忠市第十二小学从城乡接合部学校学生存在的问题出发，提出了小学生"8个好习惯"养成教育培养目标，即礼貌待人、讲究卫生、学会学习、诚信做人、自我管理、遵守公德、增强体质、安全自护等"8个好习惯"，坚持多年不间断，持之以恒抓常规，促进了学生良好行为习惯的养成，并取得了显著成效。

一是建立健全各项规章制度。学校制定了《小学生"8个好习惯"养成教育培养目标》《小学生"8个好习惯"养成教育实施方案》和《小学生"8个好习惯"养成教育形成性评价实施办法》三个文件，全面规划学生养成教育工作。制定了《小学生"8个好习惯"养成教育培养目标规范化要求》6个方面，60多项内容，对学校德育管理的方方面面提出了规范化要求。

二是积极组织开发校本课程。学校组织教师开发编辑了小学生"8个好习惯"养成教育德育校本课程系列教育丛书6册96课，每个年级一册16课，每个好习惯每个年级编辑了两课。课程教育内容涵盖校内校外、课内课外等小学生日常行为规范，图文并茂，内容丰富，使人一看便知，为教师教学提供了资源。

三是积极组织开展课题研究。为提高学校德育工作理论与实践水平，我们将小学生"8个好习惯"养成教育工作申报为自治区第四届基础教育德育课题进行研究。这项课题 2017 年结题，被评为自治区第四届基础教育课题研究一等奖。2018 年学校又将《创新学生评价管理实践研究》申报为自治区第五届基础教育课题进行研究，实现学校德育实践与理论创新同步发展。

四是加强实施过程的管理。学校制定了相关方案、办法、制度等；实施中以学年为周期，分阶段循环进行；采用光荣榜和训诫台、流动红旗颁发、值周巡查制度等。结合重大节日、重要节点、主题升旗活动、班队会等途径开展"8个好习惯"系列教育活动。在高年级推广"8个好习惯"韵律操，二、三年级推广"快乐宝贝"健美操，一年级推广古诗韵律操，让教育信息入心入脑。通过抓交通文明、抓校园管理、抓路队整治、抓家校教育、抓安全管理解决实施中的难题。

五是认真开展评价考核工作。第一，学校实施了学生"8个好习惯"星级评价。按照小学生"8个好习惯"养成教育评价标准，对每月的一个好习惯确定的 8 个教育点和其他"7个好习惯"养成情况，进行多元化星际评价，完成得好得一颗红色星，完成得较好得一颗黄色星，完成得一般得一颗蓝色星；第二，记载"8个好习惯"行为表现。由班主任对班级学生每月一个好习惯养成表现情况进行记录，找出普遍存在的问题和个别存在的问题，提出改进的措施；第三，评选班级"8个好习惯之星"。每月由班委会推荐，班主任审核，学校政教处批准，颁发"8个好习惯之星"认定证书，作为学期、学年学校评选"好习惯优秀少年"的依据；第四，推选"8个好习惯优秀少年"。在每月班级评选的"好习惯之星"的基础上，由班主任推荐，学校政教处审核，主管校长批准后，颁发"8个好习惯优秀少年"奖状或奖牌，并组织参加校外实践活动；第五，创建"8个好习惯优秀班级"。"好习惯"养成教育优秀班集体的创建主要由学校政教处、少先队进行考核评选。

通过努力,学生"8个好习惯"养成教育取得了明显成效:学生的行为习惯得到规范,德育工作更加具体、可操作。通过对小学生"8个好习惯"养成教育培养,学生礼仪习惯、学习习惯、行为习惯和卫生习惯等得到了很大的改善,受到了上级教育部门和社会各界的充分肯定。小学生"8个好习惯"养成教育虽然取得了一些成绩,但教育过程中经常会出现学生行为习惯的反复,会出现与我们的要求相悖的现象,所以,在工作中,我们不断地进行实践、反思、总结、改进、创新,使小学生"8个好习惯"养成教育培养目标最终定格在学生的心里,外化到学生的言行之中。

一是积极构建新的教育模式。积极进行学生"8个好习惯"创新,创新学生评价管理,完善和实施学生"好习惯互助"团队评价体系建设;家长"好习惯互助"团队评价体系建设;"好习惯优秀中队"评价体系建设。完善和实施以积分和"素养币"为评价载体的评价体系建设。开展年级、班级"素养币"积分竞拍奖品活动,设置开放年级"素养商城",实施学生以"素养币"兑换"素养商城"奖品活动。

二是积极改进新的评价办法。根据各年级学生的年龄特点,将学生"8个好习惯"养成教育64个教育点扩展为96个教育点,并分解到各年级。每个年级承担"8个好习惯"中的16个教育点,分上下学期落实,六年评价完成。

三是认真落实新要求。我们从学校、班级两个层面上落实各年级"8个好习惯"中的16个教育点,将学习安排、落实评价、总结激励结合起来。充分利用升旗、演讲、班队会等开展学校、班级好习惯主题教育,及时进行好习惯期中、期末多元化评价奖励。

四是不断拓宽新思路。小学生行为习惯受老师、家长影响很大,为此,学校将"8个好习惯"向教师、家长延伸,开展了教师、家长"8个好习惯"养成教育工作。

总之,学生"8个好习惯"养成教育已在我校落地生根,我们将以此为抓手，按照实施方案、评价办法的要求，认真开展学生行为习惯的养成教育，促进学生逐步养成良好习惯。

"8个好习惯"养成教育案例
—— 诚信教育案例分析

毛生国

"言必信，行必果。"可以说，没有诚信，就不可能有道德。对小学生进行诚信教育，必须从日常生活的点点滴滴做起。

案例1：

刚开学的一次课间，我刚坐在办公室里休息，本班学生张馨予一瘸一拐地哭着走进来，我连忙问："你怎么了？"张馨予一边抽泣一边说："马泽宇把我推倒了。"这帮学生，我一天不知道要嘱咐他们多少次："走路要慢慢走，不许跑，要互相让，不能推别人。"此时，我一听是被马泽宇推的，立刻火冒三丈，对旁边的同学说："去，把马泽宇叫过来！"不一会儿，马泽宇便被带了进来，我生气地问："马泽宇，老师不是讲了不能推人吗，你怎么能推小朋友呢？"没想马泽宇也哭了起来说："我没有推她，是她自己跑着摔倒的。"张馨予立刻反驳道："我没有跑，是你在跑。"马泽宇不但疯跑，而且推人，太不像话了，我一边用酒精给张馨予擦受伤的膝盖，一边批评马泽宇："你怎么这么不听话呢？你看人家的腿摔流血了，袜子也破了，你说怎么办？"这时候马泽宇却大声地哭起来："我没有推她，是她自己摔倒的。不信你问滕戈艺。"我只好把滕戈艺找过来，问他当时有没有看见，滕戈艺说："马泽宇在前面跑，张馨予在后面追，追着追着，张馨予就摔倒了。"原来事情是这样的，这么说马泽宇一点责任也没有呀，怪不得他哭得这么伤心呢。我回过头问她："你到底跑了没有?" "跑了……" "马泽宇推你了没有?" "没有……" 接下来我让马泽宇回教室,然后耐心地对张馨予说: "小孩子从小要诚实,撒谎不是好孩子,自己摔的就是自己摔的,不能赖别人。这点伤不要紧,老师给你擦点药,明天就好了。今天回去以后给家长把事情说清楚。" 我以为这件事就结束了,没想到第二天早上,张馨予的奶奶气冲冲地来到学校说: "昨天,你们班的同学把我家张馨予推倒了,腿摔流血了,你们也不管,我刚给买的长筒袜也摔破了,你看这怎么办?" 我说: "我昨天都问清楚了,是她自己的责任,不怪别人。" 张馨予的奶奶说: "别人不追她,她跑什么?" 我说: "是她追别人,不是别人追她。" 她奶奶还不相信,于是我只好把张馨予叫过来,让她自己给奶奶说,张馨予说: "是我自己摔的。" 她奶奶脸色难看地说: "那你回去怎么说是别人推的?" 张馨予说: "我怕你打我。"

案例2:

星期三下午,五年级的道德与社会课堂上,我正在讲《诚信最重要》,当时学生们讨论很激烈,纷纷阐述了自己的观点。诚信比金钱更重要,诚信比健康更重要,诚信比事业更重要……

当时,我很感慨,认为诚信教育很成功,对这堂课特别满意。正在我心里美滋滋的时候,我的眼前出现了一个不和谐的场景:第二组前面有一个不小的纸团飞到第二组后面。我虽然不能确定是谁抛出去的,但我可以确定是第二组后两排四个同学中的一个。我停下讲课问: "是谁抛出去的纸团?" 没人回答,我又问了一遍依然没人回答。我惊愕了:刚刚激烈讨论诚信最重要的场景还在眼前,我灵机一动说: "第二组后两排四个同学站起来,没有抛纸团的坐下。" 后两排四个同学齐刷刷地坐下来。我又说了一遍: "第二组后两排四个同学站起来,没有抛纸团的坐下。" 这一次后两排四个同学还是整齐划一地坐下来。我更惊愕了。

下课了,我叫来了最大"嫌疑犯"——朱晓冉。我拿出班里捡来的纸团对他说："你知道是谁抛的纸团。"朱晓舟毫不犹豫地说："老师，我不知道。"我说："我交给你一个任务，把抛纸团的人给我查出来。"朱晓舟面带为难地说："老师，这么难的事，我，我完成不了。"我笑着说："老师相信你一定能完成老师交给你的任务。"

刚过了一会儿，朱晓舟跑进来对我说："老师我查出来了。""谁呀？""老师，是我呀。"我语重心长地说："犯错虽然可怕，但是不诚实比犯错更可怕。一个人知错改错很可贵，但诚信更可贵。希望你做一个诚实守信的好孩子。"

案例反思：看似简单的事例，其中却折射出很多值得我们深思的问题。二年级的孩子出现了故意说谎并竭力否认的情况，五年级学生在"诚信最重要"的课堂上，做出不诚信的实例。这种情况现在已经不是个例。这种情况不能不让我们坐下来深思。这种情况多半是儿童犯了错误，认为承认了就要受骂挨打，因而故意说谎并竭力隐瞒。他们有了曾经说实话而受指责的经验，所以一犯错误就尽力设法抵赖。这就说明了家长和老师在孩子犯了错误时，处理的方法还有欠妥之处。

首先，解决这件事，家长及老师要了解儿童的心理特征。当孩子犯了错误的时候，我们要盘问清楚事实真相，但态度不可凶狠，亦不宜太严厉，否则儿童会增加顾虑而不吐真言。最好用温和平淡的语气去提问，使孩子的紧张心理松弛，把事实真相讲出来。随后，再针对情况进行教育劝导。针对这些特点，需要老师和家长给孩子创造出宽松、平和、理解、民主的环境，帮助孩子更好地成长。这个时期需要我们耐心地对待孩子，注意观察孩子的心理变化，倾听他们的心声，给他们减压，耐心等孩子慢慢长大。

其次，发挥学校的教育功能，要发挥教师的教育艺术，静下心来，认真思考，学生为什么这么做，我怎样做才能取得最好的教育效果。通过道德与法制课、人文艺术课的多元途径，把文化知识的学习与学生品德的养成紧密契合，既教书又育人，不断提升学生的诚信水准。实践表明，文化知识学不好，还可以重新再来，活到老，用到老，学到老；而人的品质一旦出了问题，弥补的难度很大，甚至出了严重问题就没有弥补的余地，憾恨终身。所以，学校德育工作、团队工作、班主任工作、教学工作都要多管齐下，贯穿这条主线。

再次，做好与家长的联系工作。家庭是教育的基础，沟通是一种桥梁，家校联手是保障学生健康成长的重要因素。通过家访、开家长会、电话等联系方式，我们的老师要学会与家长、与学生多层面沟通，同时还要学会掌握沟通的艺术。

总之，作为一名教育者，只要你有一颗爱心，掌握沟通的艺术，架起沟通的桥梁，学生的好习惯一定会养成。桃李芬芳，为期不远。

"8 个好习惯"韵律操歌谣

强海英

一、礼貌待人

笑待人，要问好；礼貌语，适时用；

同学间，友好处；升国旗，行队礼；

离家校，打招呼；不乱翻，他人物；

进房间，先敲门；师长话，认真听。

二、讲究卫生

晨必盥，兼漱口；吃饭前，要洗手；

衣冠正，纽扣齐；鞋与袜，俱紧切；

勤剪甲，常理发；勤换衣，常洗澡；

爱校服，爱领巾；衣贵洁，不贵华。

三、学会学习

读书法，有三到；心眼口，皆不少；

认真听，做笔记；大胆问，细审题；

紧用功，独立做；勤复习，而知新；

写好字，要规范；姿势正，终受益。

四、诚信做人

讲诚信，很重要；你和我，要做到；

应人事，要记牢；借人物，及时还；

不欺小，助困难；拾钱物，不私藏；

勿哄骗，勿说谎；感恩心，常怀想。

五、自我管理

书包自己整，房间巧布置；学习用品多，提前准备好；

班级是我家，人人都爱她；勤俭又节约，父母笑开颜。

六、遵守公德

尊老又爱幼，公德需遵守；民族大家庭，风俗要尊重；

花草有生命，爱家爱环境；上车要排队，让座人人夸。

七、增强体质

锻炼身体好，运动本领高；吃饭不挑食，牙好胃口好；

饮料害处多，开水最健康；毒品要远离，疾病要防御。

八、安全自护

马路不横穿，红灯不要闯；不做危险事，安全记心中；

游泳滑冰好，家长需跟随；按时上下学，平安伴我行。